*L'enfance a des manières de voir, de penser, de sentir qui lui sont propres ;*
*rien n'est moins sensé que d'y vouloir substituer les nôtres.*
*Laissez mûrir l'enfance dans les enfants.*
Jean-Jacques Rousseau

# Sommaire

## Annexes ........ 149



## BIBLIOGRAPHIE ........ 171

# Introduction

« *La vie entière de l'individu n'est rien d'autre que le processus de donner naissance à soi-même.* » Cette citation d'Erich Fromm (*Le Drame fondamental de l'homme. Naître à l'humain*, 1959) souligne que l'être humain a la particularité de pouvoir évoluer toute sa vie : au-delà des processus de maturation et de croissance qui sont délimités par des limites temporelles, son développement n'est jamais vraiment achevé. Pour autant, ce développement ne se « déroule » pas selon un schéma préétabli : il est lié aux possibilités d'interaction avec l'environnement physique et humain.

Le développement de l'élève renvoie à l'évolution structurale et fonctionnelle de son organisme, sous l'influence croisée des déterminants génétiques et des stimulations extérieures. La psychologie du développement est l'étude scientifique de ces changements dans le fonctionnement psychologique (social, cognitif et affectif) de la personne au cours de sa vie.

Le développement de l'enfant est un **équilibre** plus ou moins stable, mais toujours en **mouvement**, un processus de maturation cognitive, affective et sociale. Ces trois champs de développement interagissent et participent au **développement global** de l'enfant.

Chez l'homme, même si la croissance et la maturation connaissent un terme à la fin de l'adolescence, le développement de toutes ses facultés n'est jamais terminé et se poursuit jusqu'à la fin de sa vie. Cette définition **légitime les actions de l'enseignant pour concourir au développement de ses élèves**, car s'il est impuissant à interagir avec les « déterminants génétiques », une des dimensions importantes de son expertise s'incarne dans l'aménagement et le contrôle des « stimulations extérieures ».

C'est sur cette connaissance du développement de l'enfant que l'étudiant candidat au concours de recrutement de professeurs des écoles (CRPE) et admissible va être interrogé pendant l'épreuve consacrée à l'éducation physique et sportive (EPS).

Cet ouvrage recense quelque 200 questions possibles et vous éclaire sur une orientation à prendre, sur une réponse à s'approprier et à adapter, et donne des notions théoriques fondamentales et essentielles pour aborder ces épreuves orales.

# Conseils méthodologiques

## 1. Généralités

Lors de vos épreuves orales, différentes questions vous seront posées. La discussion qui suit chacun de vos exposés a pour but de préciser celui-ci et d'élargir la réflexion pour évaluer votre maîtrise des éléments du programme.

Les questions précises permettent de définir une notion, de se référer à un texte officiel, de préciser un point soulevé dans votre dossier. Elles demandent des réponses très précises.

Les questions générales (*Exemples : Quelles sont les finalités de l'école ? Qu'est-ce que la laïcité ? Que savez-vous du développement de l'enfant ?*) doivent permettre de montrer que vous êtes capable de justifier un choix, de montrer que plusieurs points de vue (au moins deux) sont possibles, qu'il existe des débats et qu'à titre personnel, vous choisissez telle attitude. Il s'agit donc de développer des arguments objectifs, de connaître la logique des différents points de vue et de préciser votre propre opinion.

C'est la plupart du temps une erreur de penser que le jury attend systématiquement la réponse « officielle » de l'institution. Son objectif est de vérifier si les candidats sont capables de justifier leurs choix pédagogiques.

## 2. Les attentes du jury

### Quels sont les critères d'observation et d'évaluation du jury ?

#### » Critères d'observation

- La voix
  - Respiration
  - Articulation
  - Volume sonore
  - Variation du rythme et du débit
  - Variation de l'intonation et des accents

- L'attitude
  - Regards
  - Postures et mouvements
  - Gestion des notes, des documents
  - Gestes, mimiques
  - Décontraction, calme/rigidité, nervosité
  - Énergie, chaleur, degré d'implication
  - Présence des autres, écoute
  - Humour, procédés

### Critères d'évaluation

- Maîtrise des connaissances générales sur le métier
- Qualité de l'argumentation : clarté et cohérence ; capacité d'analyse ; pertinence des idées, des arguments et des exemples
- Organisation de l'exposé : enchaînement, progression des idées, articulations ; impact de l'introduction et de la conclusion ; précision (faits, exemples, contextes...), qualités des réponses
- Types d'arguments, références (textes officiels, théorie)
- Qualités de communication : correction syntaxique, niveau de langue ; personnalisation du style, images et figures ; mots ou expressions parasites

## Que faut-il absolument éviter ?

- Réponses superficielles, hésitantes
- Généralisations abusives
- Absence totale de connaissances
- Stéréotypes
- Dogmatisme
- Absence de représentation réfléchie du métier d'enseignant
- Défauts d'expression
- Attitudes défensives ou agressives
- Rigidité
- Manque de conviction

N'oubliez pas que l'oral est un **échange** donc une **épreuve de relation humaine**. Dès le début, soyez tonique, chaleureux et réceptif. Il ne faut pas vous laisser impressionner par des comportements de simple provocation de la part du jury (*Exemples : un regard par la fenêtre, un soupir marquant un profond désintérêt pour l'intervention du candidat, un haussement d'épaules...*). Souvent, le jury teste le candidat pour voir son aptitude à conserver son sang-froid et ses moyens face à une agression verbale.

## Extraits de rapports du jury 2023

- **Amiens** : « *Les éléments relatifs à la psychologie et au développement de l'enfant n'ont pas été explicités ni exploités. (…) Le jury a noté une méconnaissance de l'école maternelle et des stades du développement de l'enfant. (…) Très peu de candidats maîtrisent les différentes phases de l'apprentissage.* »
- **Aix-Marseille** : « *Une connaissance fragile du développement de l'enfant est à noter.* »
- **Grenoble** : « *Les candidats qui réussissent, justifient leurs choix en s'appuyant sur la connaissance du développement de l'enfant, la didactique et la pédagogie. Ils utilisent le vocabulaire approprié pour donner du sens aux concepts abordés.* »

## En conclusion

Votre comportement doit inviter au dialogue et à votre découverte. Et pour cela, voici quelques conseils :

- jouez la simplicité, la sobriété ;
- évitez la sémantique des superlatifs (génial, super, trop…) ;
- montrez une légère assurance dans votre comportement (gestes souples et posés, évitez le regard fuyant) ;
- donnez l'image d'une personne calme et sereine ;
- ayez toujours du respect pour vos interlocuteurs ;
- ne manquez pas au vouvoiement ;
- souriez et n'hésitez pas non plus à vous forcer à parler assez fort (le stress étouffe le souffle).

Soyez pertinent dans la justesse de votre affirmation, dans le recul que vous aurez sur l'événement considéré (ouverture d'esprit). Montrez votre vivacité d'esprit. Pour cela, soyez vous-même. Être soi-même, c'est être en accord avec ses aspirations et donc être centré sur soi-même et être à l'écoute du jury présent devant vous.

Le jury apprécie les personnes qui, loin des préjugés, ont un avis personnel sur les sujets abordés, qui savent ce qu'elles aiment, ce qu'elles détestent, qui sont animées par certaines activités ou certaines idées et, enfin et surtout, qui se montrent cohérentes avec elles-mêmes.

Vous devez comprendre les choix que vous avez effectués dans votre vie et ce qui vous a conduit devant le jury.

Bon courage !

PARTIE I

# Développement et psychologie de l'enfant : historique, statuts, droits et théories

## 114 questions

# 1 Historique, statuts et droits de l'enfant

## 1. Questions 1 à 37

1. Comment était considéré l'enfant avant les débuts de la recherche en psychologie ?
2. À partir de quel siècle s'est-on intéressé à l'enfant autrement que comme un « adulte en miniature » ?
3. D'où vient le mot « enfant » ?
4. Comment se conçoit l'éducation durant l'Antiquité ?
5. Comment a évolué l'éducation des enfants au Moyen Âge ?
6. Savez-vous comment la chrétienté considérait l'enfant au Moyen Âge ?
7. Quels sont les événements qui ont participé à un nouveau regard sur l'enfant ?
8. Quelles sont les répercussions de la révolution industrielle sur le statut des enfants ?
9. Comment a alors évolué le statut de l'enfant ?
10. Pouvez-vous nous dire quand on a commencé à parler des droits de l'enfant ?
11. Que savez-vous de Janusz Korczak ?
12. Comment la Convention internationale des droits de l'enfant a-t-elle repris l'idée de l'enfant-sujet ?
13. Que savez-vous des droits de l'enfant ?
14. Connaissez-vous quelques principes de la Déclaration des droits de l'enfant ?
15. Connaissez-vous d'autres textes régissant les droits de l'enfant ?
16. Selon la CIDE, être enfant, qu'est-ce que c'est ?
17. Comment est définie l'autorité parentale ?
18. Comment se définissent les droits de l'enfant ?
19. Quels sont les objectifs du droit à l'éducation, cité dans la CIDE (article 29) ?
20. Comment l'école doit-elle considérer les enfants ?
21. Quels sont les âges de l'enfance ?

22. La psychologie de l'enfant qui naît à l'aube du XXe siècle est-elle le fruit d'un intérêt pour l'enfant ?
23. Quel auteur francophone a été le premier à s'intéresser à l'enfant ?
24. En quoi Rousseau peut-il être considéré comme un précurseur de la psychologie de l'enfant ?
25. De quel enfant nous parle Rousseau ?
26. Expliquez-nous ce qu'est la psychologie du développement.
27. Quel est l'objectif de cette science ?
28. Quelles tendances des recherches en développement de l'enfant ont émergé ?
29. Quelles sont les conceptions majeures du développement de l'enfant ?
30. Que signifie « béhaviorisme » ?
31. À quoi s'attache le béhaviorisme ?
32. Quelles critiques peut-on formuler au béhaviorisme ?
33. Quels liens se développent au début du XXe siècle entre psychologie et pédagogie ?
34. Savez-vous de quoi Binet est l'inventeur ?
35. À quoi correspond le QI ?
36. Le QI est-il le seul critère de mesure de l'intelligence ?
37. Quelles sont ces « intelligences multiples » issues des études de Gardner ?

## 2. Réponses 1 à 37

**1. Comment était considéré l'enfant avant les débuts de la recherche en psychologie ?**

L'enfant fut longtemps considéré comme un adulte en miniature. Mais dès les débuts de la psychologie de l'enfant, les savants soupçonnent qu'il a son intelligence propre, et surtout, que l'étudier permettrait de comprendre le développement de la pensée.

**2. À partir de quel siècle s'est-on intéressé à l'enfant autrement que comme un « adulte en miniature » ?**

Jusqu'au XVIIIe siècle, la psychologie de l'enfant n'existe pas, et les écrits sur l'enfance sont principalement pédagogiques. Ils sont généralement de nature prescriptive, comme dans *Didactica magna* de Comenius en 1638 ou *Some Thoughts Concerning Education* de John Locke en 1693.

**3. D'où vient le mot « enfant » ?**

L'origine du mot « enfant » vient du mot latin *infans*, qui signifie « celui qui ne parle pas », ce qui illustre très bien la place de l'enfant dans l'Antiquité, relégué alors au statut de « non citoyen ».

**4. Comment se conçoit l'éducation durant l'Antiquité ?**

Chez les Romains, le père a le droit de vie et de mort sur ses enfants. Pendant des siècles, l'enfant n'est pas considéré comme une personne à part entière : son père décide de tout pour lui.
L'éducation à cette époque applique donc une logique de dressage des enfants, considérant ces derniers comme des êtres dénués de réflexion, de logique ou encore d'intelligence propre. Ils apparaissent avec un esprit vide, sans lois pour le régir.
Les adultes se retrouvent donc avec la responsabilité de remplir, guider et commander ces petits esprits. Il en est de même pour leur corps. Ainsi, les nourrissons sont emmaillotés dans du linge pour qu'ils ne bougent pas.

**5. Comment a évolué l'éducation des enfants au Moyen Âge ?**

Contrairement à l'Antiquité, au Moyen Âge, l'enfant est considéré comme un petit homme. Aucune distinction ne sépare l'enfant et l'adulte. Aucune tranche d'âge n'existe. L'enfant ne bénéficie pas, par conséquent, de protection ou de droits spécifiques. Il n'est que rarement séparé des mœurs et tribulations des adultes et entre très rapidement dans le monde du travail.

### 6. Savez-vous comment la chrétienté considérait l'enfant au Moyen Âge ?

Représentant l'enfant comme résultat du péché originel de ses parents, la chrétienté renforce l'image de l'enfant comme étant celle d'un être non réfléchi, petit diable sans intelligence et d'instinct mauvais.

À cette époque, l'enfant n'a pas sa place dans l'histoire, ni dans la politique, la guerre ou au sein d'une structure sociale. Il fait partie du foyer, du domaine privé, c'est l'équivalent d'un objet. L'adulte se représente comme agissant et se sacrifiant pour son bien. En retour, un respect et une véritable soumission sont exigés de l'enfant.

### 7. Quels sont les événements qui ont participé à un nouveau regard sur l'enfant ?

C'est à partir du XVIIIe siècle et surtout au XIXe que l'enfant commence à avoir un statut à part entière. L'apparition de la conception de la famille bourgeoise centrée sur le foyer autant matériel qu'affectif où le nourrisson tient une place centrale change profondément le regard porté sur l'enfant et les comportements des adultes envers celui-ci. Ce n'est qu'au XVIIIe siècle, avec les philosophes des Lumières, que l'on commence à s'intéresser aux conditions du développement de l'enfant, qui a besoin d'éducation, d'aide et de protection. Cette évolution s'inscrit dans le cadre de la Révolution et de la reconnaissance des droits de l'homme en général.

### 8. Quelles sont les répercussions de la révolution industrielle sur le statut des enfants ?

Au XIXe siècle, avec l'avènement de la révolution industrielle, de nombreux enfants commencent à travailler dans les usines.

Mais la révolution industrielle et le développement du capitalisme sauvage transforment cette toute nouvelle considération en une main-d'œuvre docile et exploitable. Les enfants se retrouvent exploités dans les mines, les forges, les ateliers et fabriques. Quinze heures par jour, pour une rémunération en moyenne quatre fois moins importante que celle d'un homme, ils sont largement utilisés jusqu'à composer plus du tiers des effectifs dans de nombreuses filatures anglaises.

### 9. Comment a alors évolué le statut de l'enfant ?

C'est au milieu du XIXe siècle qu'apparaît une réelle prise de conscience, donnant naissance à une première législation de protection de l'enfant au travail.

La **loi de 1841** fixe en France l'âge minimum du travail à 8 ans et la durée maximum à 12 heures par jour.

En 1874, l'âge minimum passe à 12 ans et le travail sous terre est interdit pour les enfants, réduisant considérablement l'utilisation de la main-d'œuvre enfantine.

L'apparition simultanée d'une préoccupation éducative étatique, pédagogique et cléricale associée à la baisse de la mortalité enfantine grâce aux progrès de l'ère pastorienne permet une évolution considérable du statut de l'enfant. La guerre de 1870, par un élan populiste et nationaliste face à l'invasion prussienne, améliore encore le rôle social de l'enfant.

La **loi du 24 juillet 1889** entend protéger les enfants maltraités et moralement abandonnés. **Celle de 1898** prévoit l'aggravation de la peine lorsque l'auteur du délit est l'ascendant ou le gardien de l'enfant.

### 10. Pouvez-vous nous dire quand on a commencé à parler des droits de l'enfant ?

Les gouvernements des pays industrialisés concernés commencent à faire des lois pour protéger l'enfant contre les conditions de travail difficiles et les mauvais traitements. C'est également à cette époque que la scolarité obligatoire est introduite dans les pays industrialisés.

Les **lois de 1889 et de 1898** sont deux avancées juridiques qui symbolisent la mise en marche d'une véritable reconnaissance du statut de l'enfant, lui conférant une place réelle dans la société.

Le XIXe siècle sera alors le siècle des droits de l'enfant. Celui-ci est désormais considéré comme une personne à part entière, avec des droits spécifiques. Cette reconnaissance s'opère sur le plan international.

### 11. Que savez-vous de Janusz Korczak ?

Janusz Korczak, de son vrai nom Henryk Goldszmit, est un médecin pédiatre et écrivain polonais. Avant la Seconde Guerre mondiale, il est une des figures de la pédagogie de l'enfance les plus réputées.

Il fut le premier défenseur des droits de l'enfant, et le plus radical. Il a été déçu en découvrant la Déclaration des droits de l'enfant adoptée par la Société des nations en 1924, pas assez claire à son goût et plus implorante que contraignante. Il voulait des droits et non la charité, immédiatement et non dans un avenir lointain. Pour lui, les enfants ne sont pas des personnes en devenir, mais des personnes à part entière. Ils ont le droit d'être pris au sérieux, ils ont le droit d'être traités avec tendresse et respect. Il faut les laisser s'épanouir pour qu'ils réalisent leur personnalité. Il disait que « *l'inconnu qui sommeille en eux est notre espoir pour l'avenir* ».

Pour Korczak, deux droits étaient particulièrement importants : le droit d'être aimé et le droit au respect, auxquels il a par ailleurs consacré deux textes destinés aux parents et aux enseignants : *Comment aimer un enfant*, rédigé sur les champs de bataille de la Première Guerre mondiale, et *Le Droit de l'enfant au respect*, écrit dans les années 1920.

Janusz Korczak, dont on sait l'importance du combat pour la reconnaissance des droits de l'enfant, voyait, à leur origine, la nécessaire reconnaissance par les adultes de l'enfant comme être tout à la fois « *complet* » et « *inachevé* », « *sujet à respecter* » et « *sujet à promouvoir* ».

« *Sujet à respecter* » parce qu'un enfant est déjà un être qui participe pleinement de « *l'humaine condition* » (« *Les chagrins des petits ne sont pas des petits chagrins* », rappelle-t-il très justement). Et « *sujet à promouvoir* », car l'enfant, inachevé, est un être fragile à qui nous devons garantir les droits fondamentaux qui lui permettent de vivre et de se développer.

### 12. Comment la Convention internationale des droits de l'enfant a-t-elle repris l'idée de l'enfant-sujet ?

La Convention internationale des droits de l'enfant reprend à sa manière ce double volet en énonçant deux types de droits : les droits créances et les droits libertés.
**Les « droits créances »** sont « les droits à... » que toute société doit garantir à ses enfants et qui constituent autant d'obligations pour les adultes : droit à un nom et à une nationalité, droit de connaître ses parents, droit à un cadre familial, droit à être correctement nourri et logé, droit d'accès aux soins, droit à une aide adaptée pour les enfants handicapés, droit à l'éducation scolaire, droit à sa vie privée, droit à être protégé contre toute forme de maltraitance et d'exploitation économique, droit de bénéficier de toutes les garanties judiciaires requises en cas de suspicion d'infraction à la loi pénale...
**Les droits libertés**, qui sont énoncés, en particulier, dans les articles 12 à 15, sont les « droits de... ». Ils reconnaissent la possibilité pour l'enfant d'exercer lui-même diverses libertés civiles : ainsi, il doit pouvoir « *exprimer librement son opinion sur toute question l'intéressant* », « *être entendu dans toute procédure judiciaire ou administrative l'intéressant* », bénéficier de « *la liberté de rechercher, de recevoir et de répandre des informations ou des idées de toute espèce, sans considération de frontières, sous une forme orale, écrite, imprimée ou artistique* ». Plus encore, « *les États parties respectent le droit de l'enfant à la liberté de pensée, de conscience et de religion* », comme « *les droits de l'enfant à la liberté d'association et à la liberté de réunion pacifique* ».
Mais tout cela est subordonné « *à son âge, à sa capacité de discernement et à son degré de maturité* ».

### 13. Que savez-vous des droits de l'enfant ?

En 1924, un texte international définit pour la première fois les droits spécifiques des enfants : c'est la **Déclaration de Genève**. Cette déclaration précise notamment que « *l'enfant qui a faim doit être nourri* » et qu'il « *doit être protégé contre toute exploitation* ». Mais la portée de ce texte très court n'est pas considérable, puisque les États ne sont pas obligés de le respecter.
Ce n'est qu'après la fin de la Seconde Guerre mondiale que la question des droits de l'enfant devient une préoccupation majeure. En 1946, l'ONU crée une agence spéciale pour l'enfance, l'UNICEF, chargée d'améliorer les conditions de vie des enfants.
Cependant, suite à l'adoption de la Déclaration universelle des droits de l'homme en 1948, l'évolution du droit révèle l'insuffisance de la Déclaration de Genève, qui doit

donc être approfondie. « *Plusieurs pays membres [de l'ONU] réclament une convention, c'est-à-dire un instrument international contraignant qui engage les États qui l'ont ratifié, mais cette proposition n'est pas retenue* » (Jean Le Gal, *Les Droits de l'enfant à l'école*, Bruxelles, De Boeck, 2008). Le choix se porte donc sur une seconde Déclaration des droits de l'enfant, qui reprend l'idée selon laquelle « *l'humanité doit donner à l'enfant ce qu'elle a de meilleur* ». La Déclaration des droits de l'enfant est adoptée par l'Assemblée générale des Nations unies, à l'unanimité de ses 78 pays membres, le 20 novembre 1959 dans sa résolution 1387 (XIV).
Pourtant, ni la Déclaration de Genève de 1924 ni la Déclaration des droits de l'enfant de 1959 ne définissent quand commence et quand s'arrête l'enfance, principalement pour ne pas avoir à prendre position sur l'avortement.

### 14. Connaissez-vous quelques principes de la Déclaration des droits de l'enfant ?

La Déclaration des droits de l'enfant pose dix principes :
1. le droit à l'égalité, sans distinction de race, de religion ou de nationalité ;
2. le droit à une attention particulière pour son développement physique, mental et social ;
3. le droit à un nom et à une nationalité ;
4. le droit à une alimentation, à un logement et à des soins médicaux appropriés ;
5. le droit à une éducation et à des soins spéciaux quand l'enfant est handicapé mentalement ou physiquement ;
6. le droit à la compréhension et à l'amour des parents et de la société ;
7. le droit à l'éducation gratuite et aux activités récréatives ;
8. le droit aux secours prioritaires en toutes circonstances ;
9. le droit à une protection contre toute forme de cruauté, de négligence et d'exploitation ;
10. le droit à la formation dans un esprit de solidarité, de compréhension, d'amitié et de justice entre les peuples.

### 15. Connaissez-vous d'autres textes régissant les droits de l'enfant ?

Les principaux textes internationaux concernant les droits de l'enfant sont les suivants.

- **1924** : Déclaration de Genève sur les droits de l'enfant. « *L'humanité doit donner à l'enfant ce qu'elle a de meilleur.* » La Société des Nations reconnaît pour la première fois des droits spécifiques aux enfants.
- **1948** : Déclaration universelle des droits de l'homme. « *Tous les êtres humains naissent libres et égaux en dignité et en droits.* » Les enfants ont droit « *à une aide et une assistance spéciales* ».
- **1959** : Déclaration des droits de l'enfant. Pour la première fois, des pays de cultures différentes reconnaissent des principes universels et fondamentaux des droits de l'enfant.
- **1966** : Pactes internationaux. Une protection contre l'exploitation et un droit à l'éducation pour les enfants.

- **1973** : Convention 138 sur l'âge minimum d'admission à l'emploi. L'Organisation internationale du travail fixe à 18 ans l'âge minimum de travail lorsque la santé, la sécurité ou la moralité de l'individu peuvent être compromises.
- **1989** : Convention internationale relative aux droits de l'enfant (CIDE). Un texte contraignant pour les États qui regroupe les droits civils, politiques, sociaux, économiques et culturels de l'enfant. C'est *le* texte de référence en matière de droits de l'enfant. Il a été ratifié par la France en 1990.
- **1999** : Convention 182 sur les pires formes de travail des enfants. Interdire et agir contre les pires formes de travail des enfants.
- **2000** : Protocole facultatif à la CIDE, concernant l'implication d'enfants dans les conflits armés. Une protection des enfants dans la guerre et les violences armées.
- **2000** : Protocole facultatif à la CIDE, concernant la vente d'enfants, la prostitution des enfants et la pornographie mettant en scène des enfants. Une protection spécifique contre l'exploitation sexuelle des enfants.
- **2011** : Protocole facultatif à la CIDE établissant une procédure de présentation de communications. Il permet aux enfants ou à leur représentant de déposer une plainte.

### 16. Selon la CIDE, être enfant, qu'est-ce que c'est ?

Être enfant, c'est être mineur. « *Un enfant s'entend de tout être humain âgé de moins de 18 ans, sauf si la majorité est atteinte plus tôt en vertu de la législation qui lui est applicable* » (article 1).
Est majeur celui qui est légalement capable et responsable de tous les actes de la vie civile ; est mineur celui qui ne l'est pas.

### 17. Comment est définie l'autorité parentale ?

L'autorité parentale est juridiquement définie ; elle est l'ensemble des droits et devoirs des pères et mères, ou tuteurs légaux, relatifs à la personne et aux biens de l'enfant.

### 18. Comment se définissent les droits de l'enfant ?

Les droits se divisent en deux catégories : les créances et les libertés.

**Les créances** sont des droits qui donnent au sujet des pouvoirs d'exiger une prestation, d'un autre ou de la société. La convention donne à l'enfant des droits-créances envers ses tuteurs et envers l'État :
- droit à la vie ;
- droit à l'identité ;
- droit à la sûreté ;

- droit à la protection contre les violences, contre les effets de l'abandon, contre l'exploitation économique, l'exploitation et la violence sexuelles, les stupéfiants et leur trafic, le commerce des enfants et toutes les autres formes d'exploitation ;
- droit à la santé ;
- droit à l'éducation (article 28).

**Les libertés** sont des droits qui donnent au sujet des pouvoirs sur soi-même, des pouvoirs de se déterminer soi-même et des pouvoirs de choix, c'est-à-dire de libre option et de libre action. Les libertés impliquent la réciprocité, c'est-à-dire l'obligation de respecter le jeu de la liberté des autres, et la responsabilité.
La convention donne aux enfants toutes les grandes libertés du citoyen : liberté d'opinion et d'expression, de pensée, de conscience et de religion, d'association et de réunion, d'accès à l'information, droit au respect de la vie privée. Ces libertés juridiques, qui associent droits et devoirs, doivent aussi être distinguées des libertés non juridiques dont les adultes peuvent créditer les enfants : liberté de décorer sa chambre à sa façon, d'user comme bon lui semble de son argent de poche, de choisir entre les émissions de télévision destinées à son âge, d'avoir une vie sociale avec ses copains...

### 19. Quels sont les objectifs du droit à l'éducation, cité dans la CIDE (article 29) ?

Les visées du droit à l'éducation sont énoncées dans le détail :
- « *favoriser l'épanouissement de la personnalité [...] ;*
- *inculquer le respect des droits de l'homme et des libertés fondamentales [...] ;*
- *inculquer à l'enfant le respect de ses parents ; de son identité, de sa langue et de ses valeurs culturelles, ainsi que le respect des valeurs nationales du pays dans lequel il vit, du pays duquel il peut être originaire, et des civilisations différentes de la sienne [...] ;*
- *préparer l'enfant à assumer les responsabilités de la vie dans une société libre [...] ;*
- *inculquer à l'enfant le respect du milieu naturel* » (article 29).

### 20. Comment l'école doit-elle considérer les enfants ?

**Comme des élèves**, c'est-à-dire comme des enfants ayant un statut dans une institution publique d'éducation :
- où ils remplissent une obligation sociale, un travail d'apprentissage socialement nécessaire, sur la base de programmes nationaux ;
- où la république leur assure une égalité de droits ;
- qui, en les mettant en situation d'apprentissage, contribue à leur développement, à leur formation, et les « élève ».

**Comme de futurs citoyens**, c'est-à-dire comme des individus capables à la fois d'exercer leur souveraineté en toute liberté, de respecter la loi et d'avoir le souci de l'intérêt général, du bien public. Cela assigne à l'école non seulement la mise en place de comportements civiques, démocratiques, ou même plus simplement de civilité (abandon de la violence au profit de la parole), mais surtout la charge de former la raison et le jugement critique, et de transmettre les connaissances relatives aux institutions, aux symboles républicains, aux droits et aux devoirs.

**Comme des membres d'un groupe social restreint**, qui partagent des apprentissages sociaux et exercent des responsabilités encadrées.

### 21. Quels sont les âges de l'enfance ?

Les âges de l'enfance sont :
- la « première enfance », période de croissance rapide de 0 à 4 ans environ ;
- la « seconde enfance », période de croissance lente ;
- l'« adolescence » qui englobe elle-même trois périodes : prépuberté, puberté, post-puberté.

### 22. La psychologie de l'enfant qui naît à l'aube du XX^e^ siècle est-elle le fruit d'un intérêt pour l'enfant ?

L'objectif est au départ philosophique : c'est comprendre l'histoire des sciences et des sociétés à travers l'évolution des structures logiques de la pensée. Au tournant du XIX^e^ et du XX^e^ siècles, c'est l'avènement de la psychologie de l'enfant (on parle du processus de fragmentation). La psychologie de l'enfant se définit d'emblée comme une psychologie développementale sur le terrain biologique.
Dans la première partie du XX^e^ siècle, avec le béhaviorisme, la conscience disparaît et l'objet d'étude est uniquement le comportement. Puis, dans la seconde partie du siècle, la psychologie redevient science de l'esprit avec le cognitivisme.
Pour cela, Piaget entreprend d'étudier la genèse des fonctions cognitives de l'enfant. Il se sert donc de l'enfant pour comprendre comment la connaissance s'est construite au fil de l'histoire des sciences. L'hypothèse est que l'enfant passerait par les mêmes étapes que les scientifiques.
Les conceptions évolutionnistes portent alors leur intérêt non plus sur l'enfant lui-même mais sur son développement. L'enfant n'est plus un adulte miniature, mais un enfant en développement (regardé dans sa spécificité).

### 23. Quel auteur francophone a été le premier à s'intéresser à l'enfant ?

**Jean-Jacques Rousseau** est le premier à reconnaître l'importance de la psychologie dans l'éducation. En 1762, il déclare aux pédagogues, dans la préface de *L'Émile* : « *Commencez donc par bien étudier vos élèves, car, très assurément, vous ne les connaissez point.* » Il est également l'auteur de la célèbre phrase : « *Le petit d'homme n'est pas simplement un petit homme* » ; il prend conscience d'une réalité psychologique propre à l'enfant.

Mais malgré ces déclarations de principe, l'histoire de la psychologie n'identifie pas de réel psychologue de l'enfant qui propose une description précise et systématique de ses capacités avant le milieu du XIX$^{e}$ siècle.

### 24. En quoi Rousseau peut-il être considéré comme un précurseur de la psychologie de l'enfant ?

Rousseau (1712-1778) s'intéresse à l'aspect théorique et pédagogique. Il insistera sur la différence qualitative entre l'enfant et l'adulte (manière de voir propre et adaptée). C'est avec ses propres enfants que le philosophe entame sa réflexion.
Il est à remarquer que l'utilisation de l'observation du bébé est ancienne ; elle commence avec Taine, Rousseau, Fénelon, et elle se poursuit avec Darwin et son fils Doddie, Ribot, Piaget et ses trois enfants, Freud et son petit-fils, Watson et le bébé Albert, Zazzo et son fils...

### 25. De quel enfant nous parle Rousseau ?

Dans la lignée des évolutionnistes, il pousse l'idée d'une évolution par étapes, de l'immaturité de l'enfant qui requiert une prise en charge pédagogique ne devant pas être trop forte, car il y a aussi chez Rousseau une idée de nature qu'il faut laisser faire.

### 26. Expliquez-nous ce qu'est la psychologie du développement.

La psychologie du développement naît en tant que discipline au XIX$^{e}$ siècle avec les travaux de Charles Darwin et Wilhelm Preyer. À l'origine, elle s'attachait à décrire les changements observables et à élaborer des normes chronologiques du développement. Cette science est marquée entre autres par les apports de Darwin (1877), Freud (1924), Watson (1928), Vygotski (1933), Piaget (1923), Chomsky (1965), Bowlby (1969), et plus récemment de Stern (1989) et de Trevarthen (2001). Doivent également être pris en compte les travaux des chercheurs du développement cognitif précoce (Spelke, 1994 ; Nadel, 2001 ; Rochat, 2006 ; Houdé, 2009 ; etc.).
La psychologie du développement s'attache globalement davantage aux bouleversements et aux évolutions auxquels sont confrontés les enfants et les adolescents qu'à ceux rencontrés par les adultes.

Les études ont montré que le développement d'un enfant passe par diverses étapes que l'on peut regrouper dans le développement :
- de la personnalité ;
- des fonctions mentales ;
- de la motricité ;
- de l'affectivité ;
- des conduites sociales.

### 27. Quel est l'objectif de cette science ?

Le but de cette science est de comprendre ces évolutions afin de prévenir et guérir les troubles psychologiques que peuvent rencontrer les individus. L'étude du développement humain est l'étude descriptive et explicative de l'évolution d'une personne dans le temps, dans ses aspects quantitatifs et qualitatifs.

### 28. Quelles tendances des recherches en développement de l'enfant ont émergé ?

Deux tendances, que l'on retrouve encore aujourd'hui, s'esquissent déjà : d'une part une psychologie de l'enfant très **descriptive**, qui étudie l'enfant pour lui-même, qui en caractérise les comportements, les capacités aux différents âges, et cherche entre autres à établir d'éventuels retards ou handicaps ; et d'autre part une psychologie de l'enfant plus **explicative**, appelée aussi psychologie génétique ou actuellement psychologie du développement, qui voit dans l'enfant une source fondamentale de compréhension de la nature humaine et du développement de la pensée.
Conformément à la démarche scientifique, l'étape suivante consiste à prédire le comportement, c'est-à-dire à remonter à la cause des changements. Il s'agit de comprendre quels sont les facteurs du développement.

### 29. Quelles sont les conceptions majeures du développement de l'enfant ?

On peut identifier dans le champ de la psychologie contemporaine quatre conceptions majeures du développement : celles du béhaviorisme, celle du constructivisme piagétien, celle du cognitivisme et celle de l'interactionnisme social.

### 30. Que signifie « béhaviorisme » ?

Le béhaviorisme (ou comportementalisme, venant de l'anglais *behavior*, terme créé en 1913 par l'Américain Watson, qui signifie « comportement ») est une approche de la psychologie à travers l'étude des interactions de l'individu avec le milieu.

### 31. À quoi s'attache le béhaviorisme ?

Pour la psychologie béhavioriste, le seul objet d'étude est le **comportement**, et non la conscience. On ne peut donc parler que des phénomènes observables. Pour la psychologie béhavioriste, fondée par **John Broadus Watson** aux États-Unis en 1913, il faut écarter tout recours explicatif à la vie intérieure, à la conscience, aux prédispositions, pour étudier scientifiquement le comportement des organismes vivants et leurs relations avec l'environnement. L'apprentissage dans le monde animal offre un terrain de recherche privilégié puisqu'il se prête bien à l'expérimentation.
La forme élémentaire d'apprentissage est l'accoutumance ou la disparition d'une réaction par sa répétition, puis viennent les différentes formes de conditionnement, de type classique ou opérant, lorsque des techniques de renforcement entrent en jeu (pour les

problèmes de labyrinthe, par exemple, ou dans la plupart des dressages). Le behaviorisme interprète donc tout comportement (humain ou animal) en termes de couple « **stimulus-réaction** ». Le stimulus est ce qui provient de l'extérieur de l'organisme et la réaction ce que cet organisme produit après avoir été affecté par ce stimulus.
Cette théorie est aujourd'hui moins (voire plus du tout) utilisée.

### 32. Quelles critiques peut-on formuler au béhaviorisme ?

Le béhaviorisme élimine le cadre affectif dans lequel s'effectue tout apprentissage. L'objectif est non l'étude du développement, mais l'analyse fonctionnelle du comportement ; on ne s'intéresse pas à ce qui se passe entre le stimulus et la réponse, car le fonctionnement interne du sujet est une « boîte noire » qui échappe à l'étude béhavioriste.

### 33. Quels liens se développent au début du XXe siècle entre psychologie et pédagogie ?

À la fin du XIXe siècle et au début du XXe, la psychologie de l'enfant est en plein essor. Les liens entre psychologie de l'enfant et pédagogie sont alors très nombreux dans les instituts spécialisés, comme celui d'Alfred Binet en France, d'Édouard Claparède en Suisse, d'Ovide Decroly en Belgique, de Maria Montessori en Italie ou de Granville Stanlay Hall aux États-Unis.

### 34. Savez-vous de quoi Binet est l'inventeur ?

Il sera l'un des premiers à proposer une description des capacités des enfants selon leur âge.
Chargé par le ministère de l'Instruction publique « *d'étudier les mesures à prendre pour assurer les bénéfices de l'instruction aux enfants normaux* », il crée avec son jeune collaborateur Théodore Simon une « échelle métrique d'intelligence », dont sera inspiré plus tard le célèbre QI (1909). Dans ce but, il établit systématiquement les capacités des enfants à chaque âge. Dans le même esprit de rigueur scientifique, et à cette époque de fascination pour la technologie naissante, Alfred Binet fait usage d'instruments de mesure de toutes sortes.
Ainsi va naître la notion de « débilité mentale » qui désigne une catégorie d'enfants se situant à la limite extrême de la répartition normale de l'intelligence. Les échelles d'intelligence proposent une hiérarchie d'épreuves rangées par ordre de difficulté. Cette hiérarchie correspond à l'ordre chronologique des âges de l'enfant.

### 35. À quoi correspond le QI ?

Le premier test de capacité mentale fut créé en 1905. Il ne donnait pas le degré d'intelligence, mais l'âge mental. Rapporté à l'âge réel, le résultat devint le QI (ou quotient intellectuel) dès les années 1910. Le QI correspond à l'âge mental divisé par l'âge réel.

## 36. Le QI est-il le seul critère de mesure de l'intelligence ?

Le QI n'est pas le seul critère de notre intelligence. D'autant qu'il n'en mesure qu'une certaine forme. Dès 1983, Howard Gardner, professeur de psychologie à l'université Harvard, aux États-Unis, en donnait de nombreux exemples :

- l'enfant au QI élevé qui rate ses études ;
- l'intellectuel capable de lire la notice d'un meuble en kit, mais pas de le monter, là où un analphabète incapable de lire la notice monte le meuble sans effort ;
- ou encore les dons manuels, relationnels ou artistiques dont le QI ne tient pas compte.

S'appuyant sur la psychologie cognitive, qui montre que nous avons différentes façons d'appréhender le monde, les concepts et les pensées, Howard Gardner proposa un modèle des « intelligences multiples » rendant mieux compte de la diversité de nos facultés. Le QI n'en mesure que deux, particulièrement valorisées dans notre société :

- la capacité à employer le langage pour penser et exprimer des idées (intelligence logico-verbale) ;
- la capacité qui nous rend aptes à calculer, mesurer et faire preuve de logique dans la résolution de problèmes (intelligence logico-mathématique).

Mais nous savons aussi – certains mieux que d'autres – nous comprendre nous-mêmes ou comprendre les autres, nous poser des questions sur le sens de la vie... Autant d'intelligences que Howard Gardner refusait de hiérarchiser et que ses successeurs regroupèrent en diverses catégories : intelligences émotionnelle, sociale, intuitive, créative, ou même spirituelle.

## 37. Quelles sont ces « intelligences multiples » issues des études de Gardner ?

Parmi les nombreuses grilles d'intelligences qui ont été élaborées, la théorie des intelligences multiples d'Howard Gardner est simple à comprendre (car parlant bien à l'intuition) et pratique à utiliser dans une quelconque situation d'apprentissage. Son succès dans le monde anglo-saxon depuis sa parution en 1983 a été considérable, en particulier dans les champs de l'éducation et de la formation permanente. Il développe l'idée de huit intelligences.

1. **L'intelligence corporelle/kinesthésique** : c'est la capacité à utiliser son corps d'une manière fine et élaborée, à s'exprimer à travers le mouvement, à être habile avec les objets.
2. **L'intelligence interpersonnelle** : c'est la capacité à entrer en relation avec les autres.
3. **L'intelligence intrapersonnelle** : c'est la capacité à avoir une bonne connaissance de soi-même.
4. **L'intelligence logique-mathématique** : c'est la capacité à raisonner, à compter et à calculer, à tenir un raisonnement logique. C'est cette forme d'intelligence qui est évaluée dans les tests dits de « quotient intellectuel ».
5. **L'intelligence musicale/rythmique** : c'est la capacité à percevoir les structures rythmiques, sonores et musicales.

6. **L'intelligence naturaliste** : c'est la capacité à observer la nature sous toutes ses formes, la capacité à reconnaître et classifier des formes et des structures dans la nature.
7. **L'intelligence verbale-linguistique** : c'est la capacité à percevoir les structures linguistiques sous toutes leurs formes.
8. **L'intelligence visuelle/spatiale** : c'est la capacité à créer des images mentales et à percevoir le monde visible avec précision dans ses trois dimensions.

Chaque élève a donc sa propre forme d'intelligence, et le plus difficile est de le faire travailler dans sa particularité, tout en l'aidant à développer les intelligences qu'il utilise moins.

# 2 Notions de psychologie

## 1. Questions 38 à 48

38. Historiquement, à quoi correspondent les premières observations en psychologie ?
39. En quoi consiste une biographie d'enfant ?
40. À quand remontent les premières recherches en psychologie cognitive ?
41. Quel est le sujet de prédilection des recherches en psychologie cognitive ?
42. Sous quelle influence la psychologie cognitive évoluera-t-elle fortement ?
43. Quel est l'objet d'étude de la psychologie de l'éducation ?
44. Quelles sont les disciplines de la psychologie de l'éducation ?
45. Quel est le principal domaine d'intérêt en psychologie de l'éducation ?
46. Sur quoi la psychologie de l'éducation permet-elle de mettre l'accent ?
47. Quel est le domaine d'études de la psychométrie ?
48. Quelles sont les méthodes et les approches utilisées en psychologie du développement ?

# 2. Réponses 38 à 48

**38. Historiquement, à quoi correspondent les premières observations en psychologie ?**

L'observation correspond à un enregistrement direct des comportements par les sens, les écrits ou, aujourd'hui, par la vidéo. Elle correspond à l'investigation d'un phénomène naturel sans que le chercheur n'intervienne dans son déroulement pour en faire varier certains aspects.

Les premières observations se trouvent dans les premières biographies d'enfant. Taine a consigné par écrit l'acquisition du langage de sa fille en 1876. Darwin en 1877 a observé les expressions du visage de son fils. Piaget a d'abord observé ses enfants pour bâtir la théorie du développement cognitif.

Or, c'est non scientifique puisque les conditions d'observation n'ont pas été définies de manière rigoureuse. Puis, l'observation a évolué vers une véritable méthode scientifique avec Gesell (1880-1961).

L'observation en psychologie du développement peut être utilisée de façon autonome (sans intervention du chercheur) ou associée à d'autres méthodes comme l'expérimentation.

**39. En quoi consiste une biographie d'enfant ?**

Ces biographies consistaient à observer régulièrement les conduites d'un enfant, observation réalisée dans la majorité des cas par l'un des parents.

Ces biographies ne permettent en aucun cas de répondre aux exigences scientifiques (telle que l'équivalence des situations, par exemple). Dans ces premiers travaux, il est évident que les conditions d'observation ne sont pas rigoureusement définies. Par ailleurs, la subjectivité des observations ainsi recueillies et le nombre restreint des enfants observés limitent la portée des conclusions.

Néanmoins, ces biographies constituent une source précieuse de données, prenons-en pour exemple ce que Piaget (1936, 1937) a su exploiter de l'observation de ses propres enfants.

**40. À quand remontent les premières recherches en psychologie cognitive ?**

Les débuts de la psychologie cognitive datent sans doute de l'année 1956, lors d'une réflexion sur l'intelligence menée par Herbert Simon (économiste et sociologue), Noam Chomsky (linguiste), Marvin Minsky et John McCarthy (tous deux pionniers de l'intelligence artificielle). Selon eux, l'intelligence humaine pourrait être comparable à celle d'un ordinateur. En 1960, « l'entrée dans la boîte noire » se concrétise avec la création du Center of Cognitive Psychology à Harvard. Ses fondateurs sont Noam Chomsky et Jerome Seymour Bruner. L'objectif est de révéler quels mécanismes du cerveau sont à l'œuvre face à la résolution d'un problème.

### 41. Quel est le sujet de prédilection des recherches en psychologie cognitive ?

La mémoire peut être considérée comme le sujet de prédilection des recherches en psychologie cognitive.
En effet, nombre de recherches ont été effectuées dans le but de décrire les différentes étapes de mémorisation et de rappel de l'information entreposée dans la mémoire.
Ainsi, en se fondant sur la notion de traitement de l'information (issue du langage informatique), les cognitivistes ont étudié les processus d'encodage, de stockage et de récupération de l'information en mémoire.

### 42. Sous quelle influence, la psychologie cognitive évoluera fortement ?

À partir des années 1970, la psychologie cognitive évolue en effet sous l'influence des neurosciences et des nouvelles méthodes d'étude du cerveau en activité.
Durant les années 1980, de nouvelles méthodes d'imagerie cérébrale font leur apparition avec la tomographie par émission de positons (PET), puis l'imagerie par résonance magnétique fonctionnelle (IRMf) dans les années 1990. Grâce à ces dernières, on peut cette fois connaître les différentes régions impliquées dans une tâche expérimentale donnée.
L'association entre opérations mentales se fait donc cette fois non pas sur la dimension temporelle, mais sur le plan spatial : l'objectif étant d'identifier les bases neurobiologiques des modules postulés par la psychologie cognitive. L'utilisation des méthodes des neurosciences dans le cadre expérimental de la psychologie cognitive donnera naissance à ce qu'on appelle aujourd'hui les neurosciences cognitives.

### 43. Quel est l'objet d'étude de la psychologie de l'éducation ?

La psychologie de l'éducation est une branche de la psychologie dont l'objet d'étude concerne les formes sous lesquelles a lieu l'apprentissage humain dans les établissements et les centres éducatifs.
Ainsi, la psychologie de l'éducation s'intéresse à la façon dont les élèves et les étudiants apprennent et à tout le processus ou le déroulement de l'apprentissage.

### 44. Quelles sont les disciplines de la psychologie de l'éducation ?

Le champ de la psychologie de l'éducation comprend plusieurs disciplines. Elle est très intéressée par l'étude de la psychologie du développement, qui se penche sur les étapes du développement humain et les processus qui peuvent avoir une incidence sur le développement, la psychologie sociale et du comportement, la psychopathologie ou la psychologie anormale.
Comme avec d'autres types de sciences concernés par des sujets humains, la psychologie de l'éducation est soumise à un certain nombre de restrictions éthiques qui peuvent

rendre les expériences difficiles, avec de nombreux psychologues de recherche dans le domaine utilisant l'observation comme un outil pour accroître les connaissances.

### 45. Quel est le principal domaine d'intérêt en psychologie de l'éducation ?

Un domaine d'intérêt en psychologie de l'éducation est l'étude de l'acquisition des connaissances, avec un intérêt particulier pour les populations qui acquièrent la connaissance de manière inhabituelle, comme les enfants doués, les enfants ayant une déficience intellectuelle, et les enfants atteints d'autisme.

Les gens dans ce domaine sont également intéressés par le rôle de l'environnement scolaire et la façon dont le monde social de l'éducation et de l'apprentissage ont des impacts sur l'école.

Les psychologues de l'éducation peuvent également travailler sur le développement de nouvelles méthodes de traitement ou aider les enseignants à élaborer des plans d'instruction personnalisés pour les élèves et les étudiants uniques.

La psychologie de l'éducation traverse tout le système éducatif et elle vise à aider à concevoir des écoles plus efficaces et des environnements d'apprentissage, à informer les enseignants sur les derniers développements en psychologie de l'éducation, et l'évaluation individuelles des enfants en difficulté à la demande des parents ou des écoles.

### 46. Sur quoi la psychologie de l'éducation permet-elle de mettre l'accent ?

La psychologie de l'éducation permet de mettre l'accent sur la personne qui apprend, c'est-à-dire l'apprenant en tant qu'individu, sujet, et acteur de son apprentissage.

Parlant d'apprentissage, deux termes sont évoqués : le dispositif et la situation.

Par conséquent, cela revient à reconsidérer les conditions d'apprentissage-enseignement, les potentialités, les facultés et les capacités, les dispositions de l'apprentissage dans la relation éducative ou pédagogique.

### 47. Quel est le domaine d'études de la psychométrie ?

La psychométrie est un domaine d'étude qui concerne la théorie et la méthodologie de construction et d'utilisation des échelles de mesure des caractéristiques mentales. Celles-ci peuvent être des connaissances, des traits de personnalité ou encore des composantes de la cognition, comme le langage, l'intelligence ou la mémoire.

Construire un instrument de mesure consiste à sélectionner des questions, appelées items, qui, une fois rangées par ordre de difficulté, vont constituer une échelle de mesure. Les items représentent les graduations de l'échelle qui vont permettre de mesurer la caractéristique psychologique considérée, en situant l'individu testé à un degré déterminé de l'échelle.

### 48. Quelles sont les méthodes et les approches utilisées en psychologie du développement ?

L'observation/expérimentation, l'entretien, le questionnaire et l'enquête comptent parmi ces méthodes, il faut ajouter les méthodes corrélationnelles (qui étudient les liens entre les comportements) et la méthode expérimentale, sans oublier les techniques liées à l'utilisation récente de l'imagerie cérébrale.
Les méthodes en psychologie représentent l'ensemble des démarches que suit l'esprit pour découvrir et démontrer la vérité dans une discipline donnée.

Les différentes approches sont :

- l'approche longitudinale ou en temps réel : première approche à être utilisée. C'est l'étude des personnes pas à pas ;
- l'approche transversale : le comportement qui nous intéresse est étudié à travers la comparaison au même moment de sujets d'âges différents ;
- l'approche longitudino-transversale : permet l'étude du comportement sur une large période de temps en étudiant plusieurs groupes. Permet de voir l'effet de cohorte : comparer des sujets de même âge, mais à des moments différents ;
- l'approche microgénétique : le développement ne se conçoit plus comme une succession de stades immuables, mais comme une série de vagues qui se chevauchent, chacune correspondant à un mode de pensée ou à une stratégie différente.

# 3 Piaget, Wallon et le constructivisme

## 1. Questions 49 à 67

49. Qu'est-ce qui a amené Piaget à s'intéresser au développement de l'enfant ?
50. Comment se nomme la science que Piaget a développée ?
51. Que va étudier Piaget ?
52. Comment nomme-t-on la théorie du développement établie par Piaget ?
53. Comment l'enfant construit-il ses premiers raisonnements d'après Piaget ?
54. Pouvez-vous développer la théorie piagétienne ?
55. Quels sont les différents stades du développement établis par Piaget ?
56. Qu'est-ce que l'égocentrisme enfantin et quelles en sont les différentes manifestations ?
57. Quelles sont les manifestations de cet égocentrisme ?
58. Qu'est-ce que la maturation ?
59. Quelle est la conception maturationniste du développement de l'enfant ?
60. En quoi la théorie de Gesell rejoint-elle celle de Piaget ?
61. En quoi Piaget s'oppose-t-il au maturationnisme ?
62. Quelles critiques peut-on opposer au maturationnisme ?
63. Qu'ont en commun Piaget, Freud et Wallon ?
64. Quelles sont les différences dans leur approche des stades ?
65. Qui est Wallon ?
66. Pouvez-vous expliquer quelle est la théorie développée par Wallon ?
67. Quels sont les stades développés par Wallon ?

# 2. Réponses 49 à 67

### 49. Qu'est-ce qui a amené Piaget à s'intéresser au développement de l'enfant ?

Les failles de la pensée humaine et surtout son évolution amèneront le plus célèbre des psychologues du développement, Jean Piaget (1896-1980), à s'intéresser à l'enfant.

### 50. Comment se nomme la science que Piaget a développée ?

Piaget s'intéresse à comprendre « *comment la connaissance humaine se forme* » : c'est l'épistémologie. Il fait une recherche des mécanismes de l'organisation psychique et de l'évolution des connaissances en général.

### 51. Que va étudier Piaget ?

Il entreprend d'étudier la genèse des fonctions cognitives de l'enfant. Il écrira alors que « *l'enfant explique l'homme autant, et souvent plus, que l'homme n'explique l'enfant* ». Son observation de l'enfant selon la méthode clinique, les tâches qu'il crée pour détecter son mode de raisonnement et la description des stades d'évolution de la pensée marqueront définitivement la psychologie de l'enfant.

### 52. Comment nomme-t-on la théorie du développement établie par Piaget ?

L'objectif central de Piaget est moins l'explication des comportements observables que celle de la construction des « connaissances » qui sous-tendent ces mêmes comportements. C'est le constructivisme.

### 53. Comment l'enfant construit-il ses premiers raisonnements d'après Piaget ?

Pour Piaget, c'est en agissant sur son environnement que l'enfant construit ses premiers raisonnements. Ces structures cognitives (Piaget parle aussi de schèmes de pensée), au départ complètement différentes de celles de l'adulte, s'intériorisent progressivement pour devenir de plus en plus abstraites.

### 54. Pouvez-vous développer la théorie piagétienne ?

Ces schèmes s'accroissent, se développent et se modifient dans le temps par l'action de deux processus.

**L'assimilation** : si la nouvelle situation rencontrée par l'enfant lui est familière, alors il peut l'intégrer (l'assimiler) aux schèmes déjà existants. Elle consiste à réagir à un nouveau *stimulus* à partir des connaissances existantes : le bébé essaie de mettre un nouvel objet dans sa bouche pour le sucer ou le sentir.

**L'accommodation** : si les nouvelles informations sont incompatibles avec les anciennes représentations, alors il y aura un réajustement (une accommodation) des schèmes. Le bébé qui veut prendre un nouvel objet dans sa main devra accommoder le mouvement de sa main en fonction de la forme ou de la grosseur de l'objet convoité.
Grâce aux processus d'assimilation et d'accommodation et aux modifications des schèmes que ceux-ci entraînent, les capacités cognitives d'un enfant subissent une série de changements. Lorsqu'une quantité suffisante de changement a eu lieu, l'individu connaît une transformation globale de ses points de vue et perspectives. Piaget a appelé ces grandes étapes du développement « *stades de développement cognitif* ».

### 55. Quels sont les différents stades du développement établis par Piaget ?

La théorie piagétienne du développement distingue quatre stades de développement.

Le premier stade, qui s'étend de la naissance à environ 2 ans, est le stade **sensorimoteur**. Durant cette période, le contact qu'entretient l'enfant avec le monde qui l'entoure dépend entièrement des mouvements qu'il fait et des sensations qu'il éprouve. Chaque nouvel objet est brassé, lancé, mis dans la bouche pour en comprendre progressivement les caractéristiques par essais et erreurs. Vers la fin de sa première année, l'enfant saisit la notion de permanence de l'objet (qui fait que les objets continuent d'exister quand ils sortent de son champ de vision).

Le deuxième stade est celui de la période **préopératoire** qui débute vers 2 ans et se termine vers 6-7 ans. Durant cette période qui se caractérise entre autres par l'avènement du langage, l'enfant devient capable de penser en termes symboliques, de se représenter des choses à partir de mots ou de symboles. L'enfant saisit aussi des notions de quantité, d'espace, ainsi que la distinction entre passé et futur. Mais il demeure très orienté vers le présent et les situations physiques concrètes, ayant de la difficulté à manipuler des concepts abstraits. Sa pensée est aussi très égocentrique en ce sens qu'il assume souvent que les autres voient les situations de son point de vue à lui.

Entre 6-7 ans et 11-12 ans, c'est le stade des **opérations concrètes**. Avec l'expérience du monde qui s'accumule en lui, l'enfant devient capable d'envisager des événements qui surviennent en dehors de sa propre vie. Il commence aussi à conceptualiser et à créer des raisonnements logiques qui requièrent cependant encore un rapport direct au concret. Un certain degré d'abstraction permet aussi d'aborder des disciplines comme les mathématiques, où il devient possible pour l'enfant de résoudre des problèmes avec des nombres, de coordonner des opérations dans le sens de la réversibilité, mais toujours au sujet de phénomènes observables. Résoudre des problèmes à plusieurs variables en les décortiquant de façon systématique demeure exceptionnel à ce stade.

Finalement, à partir de 11-12 ans, se développent ce que Piaget a appelé les **opérations formelles**. Les nouvelles capacités de ce stade, comme celle de faire des raisonnements hypothético-déductifs et d'établir des relations abstraites, sont généralement maîtrisées autour de l'âge de 15 ans. À la fin de ce stade, l'adolescent peut donc, comme l'adulte, utiliser une logique formelle et abstraite. Il peut aussi se mettre à réfléchir sur des probabilités et sur des questions morales comme la justice.

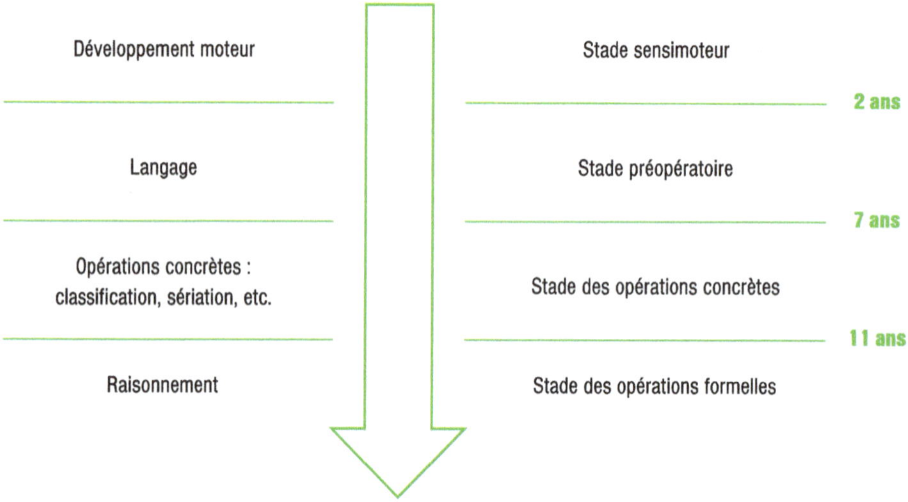


### 56. Qu'est-ce que l'égocentrisme enfantin et quelles en sont les différentes manifestations ?

Un concept important que Piaget dégage de la pensée enfantine est l'égocentrisme. C'est un aspect central de la pensée de l'enfant de 2 à 8 ans. L'égocentrisme est « *la confusion inconsciente du point de vue propre avec ceux d'autrui* » ; c'est la manifestation d'une pensée centrée sur elle-même.

### 57. Quelles sont les manifestations de cet égocentrisme ?

Piaget a relevé différentes manifestations de cet égocentrisme :

- **l'égocentrisme spatial** : la difficulté de la représentation des choses dans l'espace par le dessin, la reconnaissance de la droite et de la gauche ;
- **l'égocentrisme temporel** : comment l'enfant se situe-t-il dans le temps, la représentation de la durée, la difficulté d'établir une chronologie, la mémoire sociale, la mémoire abstraite, le passé et le futur, la conduite de récit ?
- **l'égocentrisme physique** : il se reconnaît aux deux manifestations suivantes : l'animisme (les choses sont douées d'intentions) et le phénoménisme (la causalité physique) ;

- **l'égocentrisme social** : il se manifeste dans le jeu (jeu symbolique), dans la discussion (monologue), dans l'appréciation de l'exacte place des autres par rapport à soi et dans l'impossibilité de l'enfant de se mettre à la place de son interlocuteur ;
- **l'égocentrisme linguistique** : il se trouve dans la difficulté de l'enfant à utiliser les pronoms, emploi du « il » pour le « je », emploi du « moi », difficulté à employer les conjonctions.

### 58. Qu'est-ce que la maturation ?

La maturation désigne la mise en place de structures (morphologiques et fonctionnelles) et de moyens de communication (synapses, etc.) entre différents systèmes de l'organisme, qui conduisent ce dernier à un état stable et achevé. Aussi, elle s'effectue au cours d'étapes pré- et postnatales de l'ontogenèse (décrit le développement progressif d'un organisme depuis sa conception jusqu'à sa forme mûre, voire jusqu'à sa mort).
La maturation désigne l'ensemble des facteurs endogènes au développement, d'ordre biologique ou psychologique.

### 59. Quelle est la conception maturationniste du développement de l'enfant ?

La théorie a été posée par le pédiatre américain Arnold Gesell qui affirme que le développement précoce est guidé par l'hérédité. Les influences extérieures peuvent causer des écarts mineurs, mais ceux-ci n'auront pas autant d'effet sur le développement de l'enfant comme sa génétique. Ses travaux le conduisent à décrire les compétences des enfants à différents âges. Selon lui, le développement psychologique comme physique est une affaire de maturation et d'actualisation du potentiel génétique. Il reconnaît l'existence de différences interindividuelles, mais ces variations sont peu importantes par rapport au déroulement du programme génétique. Le rôle de l'environnement est très limité dans le développement. Il montre, dans son expérience des enfants jumeaux, le rôle prédominant des facteurs endogènes et l'inefficacité des apprentissages précoces. Gesell pense qu'un calendrier précis pourrait être fixé pour la croissance de presque n'importe quel enfant. Cette approche de la psychologie du développement insiste sur l'importance des facteurs endogènes comme facteurs responsables du développement. Tout est déterminé, programmé dès la conception. Ainsi, le déroulement des changements développementaux suit un ordre immuable.
Les maturationnistes ont pour objectif de souligner le rôle prédominant des facteurs génétiques et l'absence d'influence des facteurs environnementaux sur le développement.

### 60. En quoi la théorie de Gesell rejoint-elle celle de Piaget ?

Les deux modèles, de Gesell et de Piaget, se concentrent sur le développement moteur et intellectuel. Ils ont presque ignoré complètement le développement affectif de l'enfant.

### 61. En quoi Piaget s'oppose-t-il au maturationnisme ?

Les maturationnistes mettent en avant le côté génétique de l'intelligence, mais Piaget s'oppose à cela en disant que l'action de l'enfant sur le monde et l'environnement contribue à sa construction.

### 62. Quelles critiques peut-on opposer au maturationnisme ?

Le maturationnisme suppose une indépendance du développement par rapport aux circonstances externes. Or, il est établi que les interactions entre l'organisme et l'environnement sont déterminantes pour le développement.

### 63. Qu'ont en commun Piaget, Freud et Wallon ?

Piaget, Freud et Wallon s'accordent à voir le développement de l'enfant scandé par des moments obligés – les stades – s'appuyant sur des moments antérieurs à ces stades, ou encore la phylogenèse.
Si la notion de stade est présente chez les trois auteurs, c'est chez Freud qu'elle est la plus proche de ses origines géologiques. Celui-ci fera d'ailleurs assez souvent usage de la métaphore, présentant le psychisme organisé sous la forme de couches, les plus anciennes étant les plus profondes.

### 64. Quelles sont les différences dans leur approche des stades ?

Les différences résident dans le statut à donner aux stades dépassés et à leur ordre d'apparition.
Il est strict chez Piaget : un stade ne peut apparaître que si le stade précédent a été dépassé. Il est dialectique chez Wallon. Et il est subverti par l'après-coup chez Freud.

### 65. Qui est Wallon ?

Issu d'un milieu bourgeois, Henri Wallon (1879-1962) prépare l'agrégation de philosophie en 1902 et devient docteur en médecine en 1908, date à partir de laquelle il tiendra une consultation pour enfants atteints d'agitation motrice ou d'arriération mentale jusqu'en 1931. Intéressé par l'application de la psychologie à la pédagogie, il jouera un rôle important dans l'établissement du plan Langevin-Wallon.
En tant que philosophe et médecin, Henri Wallon développera une théorie originale du développement de l'enfant, tentant de rendre compte de ce processus dans toute sa complexité.

### 66. Pouvez-vous expliquer quelle est la théorie développée par Wallon ?

Le développement de l'enfant est conçu par Wallon comme résultant des interactions entre les contraintes neurobiologiques de maturation et d'adaptation d'une part, et les

conditions sociales de relation d'autre part. Le développement est appréhendé dans ses composantes affectives, biologiques, sociales et culturelles.
Facteurs biologiques et sociaux sont nécessaires, complémentaires et inséparables du développement de l'enfant. La théorie de Wallon est constructiviste et dialectique : l'enfant se construit dans les différentes composantes de sa personne (motricité, affectivité, connaissance, construction de la personne), dans une succession de stades qui alternent dialectiquement. Intelligence et affectivité, en tant qu'elles sont l'une au pôle centripète et l'autre au pôle centrifuge, sont également dans ce même rapport.

### 67. Quels sont les stades développés par Wallon ?

**Le stade intra-utérin** (centripète) : caractérisé par une symbiose biologique mère/enfant, par le primat de l'anabolisme, le parasitisme radical et par des réactions posturales à des *stimuli*.
**Le stade impulsif** (esquisse centrifuge) : (0-3 mois) est caractérisé par le désordre gestuel, l'absence de contrôle inhibiteur.
**Le stade émotionnel** (centripète) : (3-12 mois) les réponses de l'entourage aident l'enfant à organiser ses émotions qui sont au départ indifférenciées. Ces réactions émotionnelles (joie, douleur, chagrin, colère) sont la source du langage, et de la conscience.
**Le stade sensorimoteur** (centrifuge) : (12-18 mois) c'est l'importance de la loi de l'effet. C'est aussi la triple conquête dans la manipulation, la locomotion et la dénomination. Cette manipulation d'objets et l'exploration de l'espace proche permettent le développement d'une intelligence des situations (intelligence « pratique »).
**Le stade projectif** (18 mois-3 ans) : des postures, des imitations traduisent une pensée naissante qui prend consistance en s'extériorisant, en se projetant dans le geste imitatif. L'apparition du langage aide au développement d'une intelligence représentative (intelligence « discursive »).
**Le stade du personnalisme** (centripète) : (3-6 ans) la crise des trois ans (le moment du « non ») permet à l'enfant de s'individualiser de sa famille en s'appuyant sur l'opposition. L'imitation concourt également à cette différenciation en séparant le pareil et le pas pareil. L'opposition (« l'enfant se pose en s'opposant ») est essentielle à la construction de l'autonomie et de la différenciation soi/autrui. Elle marque également la recherche d'attention exclusive. C'est aussi l'âge de grâce : séduction et narcissisme.
**Le stade catégoriel** (centrifuge) : (6-11 ans) primat des activités intellectuelles : l'enfant devient capable d'attention, d'effort, de mémoire volontaire. La représentation abstraite des choses devient possible (opération de classement).
**Le stade de l'adolescence** (centripète) : (11-16 ans) il voit le renouveau des investissements intellectuels. C'est aussi une période de recentration sur le moi. La puberté apporte un réajustement du schéma corporel. C'est un stade de remaniement et d'achèvement de la construction de la personnalité. C'est aussi celui des valeurs idéales, sociales ou métaphysiques, des affinités électives, de l'amitié, et la naissance de l'amour.

# 4 Les psychanalystes, la théorie de l'attachement

## 1. Questions 68 à 80

68. Que montre la psychanalyse ?
69. Comment se caractérise la notion de stade chez Freud et les psychanalystes ?
70. Quels sont les différents stades du développement de l'enfant chez Freud ?
71. Qu'est-ce que le complexe d'Œdipe ?
72. Comment Anna Freud perçoit l'enfant en difficultés ?
73. Quelle autre théorie parallèle à celle de Freud s'intéresse au développement affectif de l'enfant ?
74. Qu'est-ce que l'attachement ?
75. Pouvez-vous définir la théorie de l'attachement ?
76. Quels sont les apports de Winnicott sur la théorie du développement de l'enfant ?
77. Qu'est-ce que l'objet transitionnel ?
78. Comment Maria Montessori définit-elle les périodes de l'enfance ?
79. Comment se déroulent les périodes sensibles d'après Maria Montessori ?
80. Pouvez-vous citer ces différentes périodes sensibles ?

# 2. Réponses 68 à 80

### 68. Que montre la psychanalyse ?

Cette théorie, élaborée par Sigmund Freud au début du siècle passé, affirme l'existence d'un inconscient psychologique pouvant déterminer tout ou partie de notre personnalité et de notre comportement.
Elle a permis la mise au point d'une thérapie des névroses, des troubles de l'équilibre psychique et de l'affectivité.
L'affirmation de l'existence de l'inconscient conduit Freud à envisager le psychisme comme un appareil composé de plusieurs parties. Ainsi, on distinguera l'inconscient et la conscience, mais pour plus de précision, on intercalera entre les deux le préconscient, qui se définit comme une partie de l'appareil psychique distincte du système inconscient et dont les contenus, sans être présents dans le champ actuel de la conscience, peuvent en droit accéder à la conscience.
Sigmund Freud est le premier à étudier la sexualité infantile, en particulier les stades génitaux avec le complexe d'Œdipe ; ses travaux ont été poursuivis par Anna Freud, Melanie Klein et Donald W. Winnicott qui se sont particulièrement intéressés aux stades précoces-prégénitaux (pour M. Klein, les conflits intrapsychiques et, pour D. W. Winnicott, les conflits interpsychiques).
La cure des patients adultes a permis à Freud de reconstruire les étapes de développement psychoaffectif de l'enfant. La notion de stade vient assez tardivement.

### 69. Comment se caractérise la notion de stade chez Freud et les psychanalystes ?

Le stade tel que l'entend la psychanalyse constitue une étape du développement de l'enfant caractérisée par une organisation plus ou moins marquée de la libido sous le primat d'une zone érogène et par la prédominance d'un mode particulier de relation d'objet. La notion de stade prend ainsi, dans le champ psychanalytique, une extension plus large puisqu'elle permet de définir les stades de l'évolution du moi.
Les différents stades ne sont pas nettement séparés les uns des autres. Ils passent plus ou moins graduellement l'un dans l'autre et se chevauchent.

### 70. Quels sont les différents stades du développement de l'enfant chez Freud ?

**Hypothèse d'un stade fœtal** : narcissisme absolu, indifférenciation primitive.
**Le stade oral** : au cours des premiers mois, la bouche est le lieu essentiel des sensations de plaisir de l'enfant. Le bébé éprouve le plaisir de téter le sein ou le biberon. Puis il commence à sucer son pouce. Vers 8-10 mois, l'activité orale devient plus vigoureuse et plus agressive. C'est par la bouche que l'enfant entre en contact avec le monde extérieur.
**Le stade anal** (recouvre les 2$^{e}$ et 3$^{e}$ années) : vers 18 mois, l'enfant prend conscience de la défécation. L'objet de la pulsion est le « boudin fécal ». C'est un objet d'échange, car

le but pulsionnel n'est pas seulement l'expulsion, mais le jeu ambivalent d'expulser et de retenir. Cette expérience est fondamentale ; l'enfant est très intrigué par ces sensations et ce produit qui était lui, qui sort de lui, et qu'il peut offrir à sa mère. Freud estime que c'est à cet âge qu'apparaissent les sentiments agressifs de l'enfant (on parle aussi de stade sadique-anal) avec les notions de propriété privée, de pouvoir, de contrôle, de maîtrise et de possession.

**Le stade phallique** (de 4 à 7 ans environ) : époque où l'enfant se pose des questions qui portent principalement sur l'origine de la vie et la différence des sexes. L'enfant se demande d'où il vient, comment il a été fabriqué, comment il est né, etc. Vers 4 ou 5 ans, les pulsions se fixent sur l'appareil génital. L'enfant fait la découverte de son sexe. Il commence par découvrir le plaisir cutané qu'il obtient grâce aux attouchements : c'est la période de la masturbation infantile directe ou indirecte, obtenue en se frottant les cuisses par exemple.

**Le stade de latence** (7 à 11-12 ans) : cette période va de la fin du stade phallique jusqu'à la puberté. L'enfant s'assagit, il va à l'école, se fait des amis, prend de l'assurance et apprend les règles sociales de bonne conduite.

**Le stade génital** (11-12 ans à l'adolescence) : c'est la période de la transformation de la puberté (seconde poussée sexuelle). C'est aussi la reviviscence de l'Œdipe et l'accès à la sexualité adulte.

## 71. Qu'est-ce que le complexe d'Œdipe ?

Parallèlement à ces découvertes, l'enfant se rend compte de la relation triangulaire qui existe entre lui et ses deux parents. Le jeune enfant s'aperçoit que la mère éprouve un sentiment tendre envers le père et que lui-même n'est pas le seul objet de préoccupation de sa mère. Cette découverte marque l'entrée dans le « complexe d'Œdipe ».

L'agressivité, la jalousie marquent les rapports du garçon avec son père. Sa préoccupation principale est de devenir l'unique objet du désir de la mère.

Chez la petite fille, les problèmes sont beaucoup plus compliqués. À cet âge, l'enfant (garçon ou fille) ne connaît qu'un seul organe génital : le pénis. Le vagin n'est en effet découvert qu'aux approches de la puberté. La différence des sexes ne peut être perçue que par rapport au pénis : peur de le perdre chez le garçon, désir de l'acquérir chez la fille.

## 72. Comment Anna Freud perçoit l'enfant en difficultés ?

Anna Freud s'attaque aux problèmes que connaît l'enfant, mais sans appliquer directement l'attitude classique de la psychanalyse, pas toujours pertinente pour eux. Elle adaptera donc la méthode de son père.

**Développement :** Anna Freud va classer les troubles chez l'enfant en prenant pour point de départ le déroulement « normal » (c'est-à-dire habituel) du processus de développement. Cette « normalité » est toujours réajustable, car elle ne prend de valeur que face à l'anormalité. Elle définit les concepts de normalité et d'anormalité, étudie les modes de régression, établit la distinction entre les troubles pathologiques transitoires et les troubles permanents, car tout ce que l'enfant « normal » vit est pathologique, mais de manière transitoire. À partir de ces études, elle définit une ligne de développement et des profils de diagnostic. La conclusion de ce travail est que tout processus de développement contient en lui-même un potentiel de distorsion.

**Socialisation** : au début, il y a une unité biologique dans le couple mère/enfant. Le narcissisme de la mère s'étend à l'enfant et celui-ci inclut la mère dans son propre narcissisme. Le principe de plaisir va représenter ce qui est asocial, inadapté, irresponsable, alors que le principe de réalité sera essentiel à l'adaptation sociale, c'est-à-dire au développement d'attitudes conformes aux lois du clan. Le passage chez l'enfant du principe de plaisir au principe de réalité implique une tolérance croissante à la frustration des désirs, et une réduction de la quantité de satisfaction des désirs. Le développement de la fonction du moi est la condition préalable à toute socialisation. Les mécanismes qui favorisent la socialisation sont l'imitation, l'identification et l'introjection.

**L'imitation** : c'est le plus précoce et le plus primitif des mécanismes. Le nourrisson, en imitant les adultes, adopte le rôle des personnes admirées, puissantes, qui contrôlent la satisfaction de ses besoins et de ses pulsions selon des règles mystérieuses étrangères à l'enfant. C'est en imitant les grandes personnes qu'il accédera aux règles sociales.

**L'identification** : c'est un mécanisme plus complexe et global. Il repose sur le désir qu'a l'enfant de s'approprier les aspects désirables de l'adulte en changeant l'image qu'il se fait de lui-même par rapport à celle qu'il se fait de l'autre. Il est question ici des qualités psychiques qui sont prêtées à l'autre.

**L'introjection** : ce mécanisme concerne surtout l'autorité parentale externe, et forme le surmoi.

Ces trois mécanismes sont en fait trois parties d'un tout. Ils ne sont pas homogènes et Anna Freud mettra l'accent sur l'environnement, plus important en pathologie de l'enfant qu'en pathologie de l'adulte. Ainsi, la plupart des conflits de l'enfant sont des conflits d'adaptation.

### 73. Quelle autre théorie parallèle à celle de Freud s'intéresse au développement affectif de l'enfant ?

Il existe deux théories différentes, mais complémentaires :

- la théorie psychanalytique (Sigmund Freud) ;
- la théorie de l'attachement (John Bowlby/Mary Ainsworth).

### 74. Qu'est-ce que l'attachement ?

L'attachement est un lien affectif et social développé par une personne envers une autre. Dans la théorie de l'attachement développée par Bowlby, à partir de travaux d'observation, « *la propension à établir des liens forts avec des personnes particulières existe dès la*

*naissance et se maintient tout au long de la vie* ». Le besoin d'attachement est un besoin primaire, inné chez l'homme.
Cet attachement se développe à partir de comportements innés : pleurs, succion, agrippement qui permettent de maintenir la proximité physique et l'accessibilité à la figure d'attachement privilégiée qui est le plus souvent représentée par la mère.

### 75. Pouvez-vous définir la théorie de l'attachement ?

Avant l'existence de cette théorie de l'attachement élaborée par John Bowlby, l'attachement était conçu comme la reconnaissance du ventre (bien nourri, bien soigné). L'éthologie sur les animaux se développe parallèlement (histoire des oies de Konrad Lorenz, idée de l'« empreinte » et travaux d'Harry Harlow sur les singes). Ce n'est pas que la reconnaissance du ventre qui crée l'attachement. L'évolution se fera en fonction des réponses de l'extérieur. Plus ce système d'attente est développé, plus l'enfant va être en capacité d'être paisible.
Mary Ainsworth développe cette étude par suivi très proche de quelques familles dans les premières semaines de la vie de l'enfant : elle identifie trois modèles de réponse à l'enfant :

- l'une dite **sensible** où les mamans répondent systématiquement aux demandes de l'enfant ;
- une autre **rigide** où c'est la maman qui régule tout (horaires de biberons, quantité, heures de réveil…) ;
- une modalité dite **aléatoire** où la mère va de l'une à l'autre des modalités.

Cette chercheuse retourne voir ces enfants au bout de plusieurs mois. C'est une expérimentation dans une salle avec des jouets et une vitre sans tain où des chercheurs notent tout ce qu'ils voient. Un étranger arrive, une lumière s'allume et la mère sort, l'inconnu revient, ressort, la mère revient. Donc l'enfant vit des séparations, des retrouvailles avec la mère ou l'inconnu. On vérifie comment l'enfant utilise la mère comme outil de sécurisation.
Trois types d'attachement vont émerger de cette étude :

- **attachement sécurisant** : on retrouve les couples mère/enfant de type « sensible ». Donc l'enfant est sécurisé, mais en présence de la mère seulement. Ces enfants sont bien sécurisés, savent que la mère n'est pas remplaçable, ont de bonnes capacités d'exploration, mais seulement en présence de la mère (70 % de la population) ;
- **attachement insécurisant évitant** : les « dyades » (couple mère/enfant) de type « rigide ». On a l'impression que la présence de la mère est peu prégnante : pas de source d'anxiété, impression de distance, les enfants jouent énormément, ne s'occupent pas de l'étranger, pas d'émission de demandes (20 % de la population générale) ;
- **attachement insécurisant ambivalent** (modalité aléatoire) : pas d'exploration, expression de détresse et de peur même avant que la mère ne s'éloigne. Les signes ambivalents sont : l'enfant cherche, mais il repousse en même temps (10 % de la population). Il vit dans l'angoisse et manifeste beaucoup plus d'émotions pour attirer l'attention de l'autre.

## 76. Quels sont les apports de Winnicott sur la théorie du développement de l'enfant ?

Winnicott était pédiatre avant de devenir psychanalyste. Ses apports à la compréhension des processus de maturation de l'enfant sont considérables. Ses concepts majeurs sont les enjeux essentiels de la relation précoce mère-enfant, le mot « mère » étant ici à entendre au sens large, c'est-à-dire comme l'adulte chargé de materner l'enfant.

L'environnement (la mère au début ou son substitut) permet ou non le libre déroulement des processus de maturation en germe en tout être humain. Les processus de maturation permettent la structuration du moi, le développement affectif, la constitution du *self*.
Winnicott identifie trois fonctions maternelles, indispensables pour le développement harmonieux de l'enfant :

- **l'*object-presenting*** (la présentation de l'objet) : la mère, en étant là, présente au bon moment, permet à l'enfant de lui attribuer une existence réelle, mais aussi d'éprouver l'illusion qu'il crée l'objet. Il fait l'expérience de l'omnipotence, autrement dit de la toute-puissance ;
- **le *holding*** (le fait de tenir, de contenir) : la mère qui soutient l'enfant par ses soins, sa protection, ses bercements, etc. a un rôle de pare-excitation, c'est-à-dire qu'elle lui permet de tempérer des excitations dont l'intensité trop importante dépasserait ses capacités d'y faire face. Le *holding* signifie donc le maintien, la façon dont est porté l'enfant physiquement et psychiquement. Ce sont les soins maternels qui soutiennent le moi de l'enfant encore immature. Cette notion est centrale car elle aboutit à la construction du *self* de l'enfant (c'est à la fois le moi, le ça et une partie du surmoi. C'est la partie la plus créatrice de notre personnalité, c'est celle qui imagine, qui joue. Le vrai *self* est un état où on a suffisamment confiance en soi et en l'environnement pour être soi-même. Le *self* nous donne l'impression de notre identité, de notre intimité) à condition que la mère lui assure et lui offre, de façon satisfaisante et continue, une sécurité affective et une chaleur protectrice tant physiologique que psychique. Le *holding* met en place chez l'enfant le sentiment d'exister et de se sentir comme une unité différenciée. De l'intégration du moi dérive le sentiment du « je suis » ;
- **le *handling*** (la manipulation physique du bébé) : les soins prodigués à l'enfant participent à ce qu'il puisse se constituer une intériorité et des limites corporelles. Par exemple, le contact de l'eau chaude sur sa peau au cours du bain lui permet de sentir la surface de son corps, l'habillage l'aide à se figurer comme ayant un tronc, deux bras, deux jambes, etc. Cette fonction intervient dans la personnalisation. Grâce au *holding* et au *handling*, l'enfant acquiert le sentiment d'habiter son corps.

Winnicott a mis en évidence le fait que les défaillances de l'environnement provoquent un clivage (une coupure, une scission) entre le vrai *self*, qui reste caché, à l'abri, et qui ne s'exprime plus, et le faux *self*, apparent, qui prend de plus en plus le dessus jusqu'à se confondre avec le sujet. Le travail en psychothérapie aura pour objectif de remettre en route les processus de maturation.

### 77. Qu'est-ce que l'objet transitionnel ?

L'objet transitionnel, communément dénommé « doudou », représente à la fois un substitut du sein maternel tout en n'étant pas le sein – paradoxe qu'il ne faut pas chercher à résoudre, nous dit Winnicott. Son pouvoir « magique » procède de l'illusion de l'absence de conflit intérieur, de l'investissement particulier que l'enfant y met. Ce symbolisme trouvé/créé par l'enfant lui permet d'opérer la transition entre l'illusion primaire de ne former qu'un avec sa mère (le principe de plaisir) et la perception objective qu'ils sont deux êtres distincts (le principe de réalité). Il participe donc à la désillusion progressive et à la constitution de l'autonomie. Il est une aide dans le processus d'individuation/séparation. L'enfant y recourt principalement en l'absence de sa mère pour se sécuriser. L'objet transitionnel est la première possession de l'enfant.

### 78. Comment Maria Montessori définit-elle les périodes de l'enfance ?

Maria Montessori parle de périodes sensibles. C'est en observant les comportements des enfants dans plusieurs pays du monde que Maria Montessori s'est aperçue que :

- tous les enfants passent par les mêmes périodes sensibles à des moments bien précis de leur vie ;
- ces périodes sont transitoires et croissent graduellement ;
- durant la période sensible, l'enfant est totalement absorbé par son activité ;
- ces périodes sensibles ne sont pas isolées les unes des autres ; il est possible que plusieurs périodes se chevauchent, car elles sont interliées et se soutiennent mutuellement.

### 79. Comment se déroulent les périodes sensibles d'après Maria Montessori ?

Chaque période sensible se déroule en deux phases :

- une première, intérieure, donc cachée ;
- une seconde, extérieure, donc visible.

Le processus commence par une construction de nature psychologique. Cette construction n'est pas visible, mais elle est essentielle. Une fois qu'elle a atteint un certain niveau, une activité externe se manifeste et la construction devient visible. Cela permet de comprendre qu'un développement est en train de s'effectuer.

L'activité sera intense et se prolongera. L'enfant se trouve alors en totale interaction avec un aspect de son environnement et ne s'intéresse plus à ce qui se passe autour de lui. Il peut donc arriver qu'il ne réponde pas lorsqu'on l'appelle parce qu'il est trop concentré sur ce qu'il fait.

Un enfant qui se trouve dans une période sensible se concentre spontanément. Si cette concentration est stoppée, il risque sur le long terme d'avoir des problèmes pour qu'elle se développe. Certes, la concentration est une tendance, mais elle a besoin de soutien pour croître.

Dès que l'adulte constate une intensité dans l'activité, il peut en conclure que l'enfant se trouve dans une ou plusieurs de ces périodes sensibles.

**80. Pouvez-vous citer ces différentes périodes sensibles ?**

- La période sensible du langage (autour de 2 mois à 6 ans).
- La période sensible de coordination des mouvements (de 18 mois à 4 ans).
- La période sensible de l'ordre (de la naissance à 6 ans).
- La période sensible du raffinement des sens (de 18 mois à 5 ans).
- La période sensible du comportement social (entre 2 ans et demi et 6 ans).
- La période sensible des petits objets.

# 5 Vygotski, socioconstructivisme et interactionnisme

## 1. Questions 81 à 90

81. Qui a complété la théorie de Piaget ?
82. À quoi les interactionnistes attachent-ils de l'importance dans le développement de l'enfant ?
83. Quelles sont les thèses développées par Vygotski ?
84. Qu'est-ce que la zone proximale de développement ?
85. Quelles sont les alternatives à la théorie piagétienne ?
86. Comment le cognitivisme conçoit-il le développement de l'enfant ?
87. Qu'est-ce que la « boîte noire » ?
88. Connaissez-vous les apports de Bruner sur le développement de l'enfant ?
89. Pouvez-vous présenter les points importants de la théorie de Bruner ?
90. Quelle est la théorie psychosociale du développement présentée par Erikson ?

## 2. Réponses 81 à 90

**81. Qui a complété la théorie de Piaget ?**

L'approche de Piaget n'est pas réfutée, mais est complétée par celle de Vygotski, celle des socioconstructivistes et interactionnistes.

**82. À quoi les interactionnistes attachent-ils de l'importance dans le développement de l'enfant ?**

Ils accordent une grande importance à l'environnement, et plus particulièrement à l'environnement social.
Selon Lev Semionovitch Vygotski, l'enfant évolue en s'appropriant des « *systèmes sémiotiques* » (ensemble de signes dont le langage est l'exemple prototypique) produits par la société. On doit donc tenir compte de cette appropriation et de ses effets sur ses capacités. Le groupe social auquel l'enfant appartient détermine ainsi son évolution.

**83. Quelles sont les thèses développées par Vygotski ?**

Vygotski développe une notion centrale de sa théorie : la zone proximale de développement (ZPD), qui décrit la distance entre la capacité d'un enfant à résoudre seul un problème et le niveau qu'il peut atteindre avec une aide. Le concept de conflit sociocognitif s'éloigne ainsi de la conception individualiste de Piaget. Vygotski prétend que les interactions sociales sont primordiales dans un apprentissage.
Il voit aussi dans le milieu social la source du développement de la pensée. Car l'enfant évolue en s'appropriant des systèmes sémiotiques, dont le sens est défini par l'environnement social, et dont le langage est le prototype. Vygotski énonce une loi générale du développement culturel, selon laquelle toute fonction apparaît deux fois : d'abord au niveau social, puis au niveau psychologique. Par exemple, le discours à voix haute de l'enfant qui joue s'intériorise en une pensée verbale qui accompagne les actions de l'adulte.

**84. Qu'est-ce que la zone proximale de développement ?**

C'est cet « espace de développement » qui se délimite et se construit dans une intervention didactique. Un élève peut ne pas être capable de réaliser une tâche en mobilisant ses seules capacités psychologiques actuelles, mais il peut y parvenir lorsque la collaboration avec l'adulte (l'enseignant), ou avec certains camarades plus avancés, lui apporte de nouveaux contenus, lui fournit des instruments psychologiques nouveaux, ou encore l'oriente vers une nouvelle procédure de résolution du problème.
En clair, la zone proximale de développement (ZPD) se situe entre la zone d'autonomie et la zone de rupture. La ZPD se définit comme la zone où l'élève, à l'aide de ressources,

est capable d'exécuter une tâche. Une tâche qui s'inscrit dans la ZPD permet à l'élève en apprentissage de se mobiliser, car il sent le défi réaliste.

**Zone proximale de développement (ZPD)**

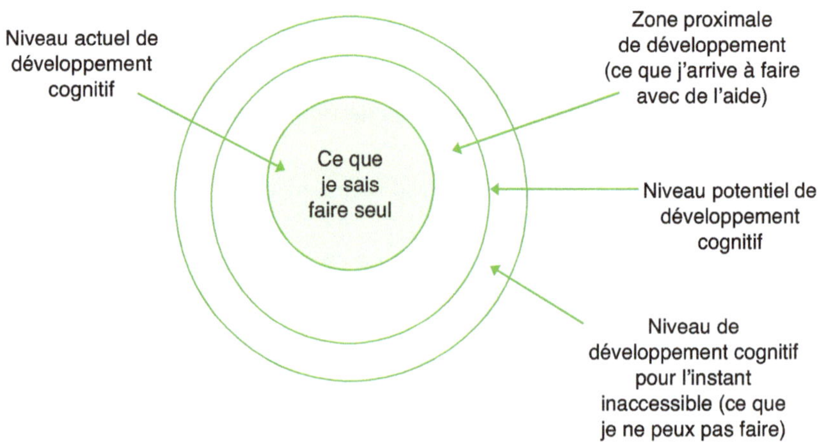


### 85. Quelles sont les alternatives à la théorie piagétienne ?

C'est au début des années 1980 qu'apparaissent les premières alternatives sérieuses à la théorie du développement cognitif de Jean Piaget. L'arrivée des sciences cognitives donne un regain de vigueur aux recherches sur le développement de l'intelligence. Plusieurs familles de théories fortement teintées de psychologie cognitive voient le jour. Les théories néopiagétiennes, parmi les plus influentes, ont pour objectif de concilier l'approche piagétienne et la psychologie cognitive.

### 86. Comment le cognitivisme conçoit-il le développement de l'enfant ?

L'humain est essentiellement une mécanique qui traduit les informations disponibles en représentations mentales, qui stocke ces représentations, les organise et les transforme. Le cognitivisme considère que l'esprit humain est structuré et fonctionne comme un ordinateur.

### 87. Qu'est-ce que la « boîte noire » ?

Les revues philosophiques et scientifiques datant de plus d'un siècle attestent de l'intérêt que portaient déjà les chercheurs aux mécanismes psychologiques. Au fil du temps, leurs découvertes se sont précisées, et c'est notamment depuis le début du XX^e siècle que la dimension scientifique de la psychologie a pris un réel essor, avec un intérêt croissant pour la boîte noire.

La boîte noire, c'est un peu le Graal pour les chercheurs en psychologie. Elle représente tous les mécanismes mentaux impliqués dans les aptitudes telles que le langage, la mémoire, la résolution de problème...
L'approche cognitive ou cognitiviste en psychologie s'est constituée dans le cadre plus large des sciences cognitives vers le milieu des années 1950. Cette approche s'est fondée sur une opposition à la tradition béhavioriste qui considérait l'esprit humain (et animal) comme une boîte noire dont les réponses (c'est-à-dire, le comportement) devaient être analysables comme une fonction des entrées (les *inputs* sensoriels), sans qu'il soit nécessaire d'émettre des hypothèses supplémentaires sur les mécanismes impliqués.
La psychologie cognitive étudie donc les processus qui vont de la perception à la production de comportements complexes, en passant par le traitement de l'information par le cerveau. On parle souvent de comprendre ce qui se passe « dans la boîte noire ».

## 88. Connaissez-vous les apports de Bruner sur le développement de l'enfant ?

Représentation, classification, mémorisation, récolte d'information, etc., en sont les thèmes. Un rôle fondamental est accordé au langage, car Jerome Bruner (1915-2016) voit dans le développement linguistique la cause du développement intellectuel. L'étude du nourrisson n'apparaît dans l'œuvre de Bruner qu'à la fin des années 1960 et ce n'est pas la perception que le bébé a du monde qui l'intéresse le plus, mais ses actions observables. Pour lui, le développement du bébé est avant tout celui de ses habiletés motrices (en anglais : *skills*). L'activité motrice est toujours orientée vers l'atteinte d'un but. Cela étant, la capacité de réalisation de l'intention est très limitée à l'origine, car c'est par l'expérience que le bébé progressera. Mais le nourrisson et l'enfant ne progresseront pas seuls : le développement cognitif, l'acquisition du langage et de la culture s'effectuent dans le cadre d'interactions permanentes avec l'entourage, avec autrui et non par le seul déploiement autonome de capacités mentales.

## 89. Pouvez-vous présenter les points importants de la théorie de Bruner ?

**L'intentionnalité** : le développement de l'intelligence est d'abord intimement lié à la capacité de construire des comportements intentionnels, lesquelles intentions sont fondamentalement liées à la culture des individus.
**Les interactions et communications** : le développement cognitif de l'enfant va se faire dans les cadres contextuels d'interactions, d'échanges, au cours desquels vont s'élaborer les savoir-faire. Le contexte des échanges interactifs est primordial. Les conditions de contextualisation sont indissociables de la construction commune du sens.
**Les formats** : au sein des contextes se développent, en collaboration, des « formats » spécifiques. Un format est une situation d'actions-échanges dont on peut décrire les variables et les supports, dont on peut faire l'analyse sur le plan de l'efficacité concrète.

**Les savoir-faire et les compétences** : aux savoir-faire, Bruner associe le concept de compétence. Le mot « compétence » désigne un vaste éventail de savoir-faire ainsi que leurs applications.

**Les interactions de tutelle** : dans cette acquisition des savoir-faire et compétences, dans la résolution de ses problèmes, le rôle d'une tierce personne compétente est déterminant : l'adulte soutient l'enfant en prenant en main les éléments de la tâche qui dépassent les compétences de l'enfant, et lui permet ainsi de se concentrer sur les seuls éléments correspondant à ses compétences. Cette aide à l'enfant de la part de personnes plus expertes que lui se réalise dans le cadre d'une interaction de tutelle.

**L'étayage** : observant, en situation de laboratoire, comment des mères aident leur enfant à réaliser des puzzles, Bruner conclut que l'interaction de tutelle comporte un processus d'étayage qui consiste pour le partenaire expert « *à prendre en main ceux des éléments de la tâche qui excèdent initialement les capacités du débutant, lui permettant ainsi de concentrer ses efforts sur les seuls éléments qui demeurent dans son domaine de compétence et de les mener à terme* » (*Le Développement de l'enfant. Savoir-faire, savoir dire*, Paris, PUF, 1998, p. 261). La notion d'étayage est intimement liée au concept vygotskien de zone proximale de développement, puisque Bruner l'utilise pour désigner l'ensemble des interactions de soutien et de guidage mises en œuvre par un adulte ou un autre tuteur pour aider l'enfant à résoudre seul un problème qu'il ne savait pas résoudre au préalable.

**Les 6 fonctions d'étayage selon Brunel**

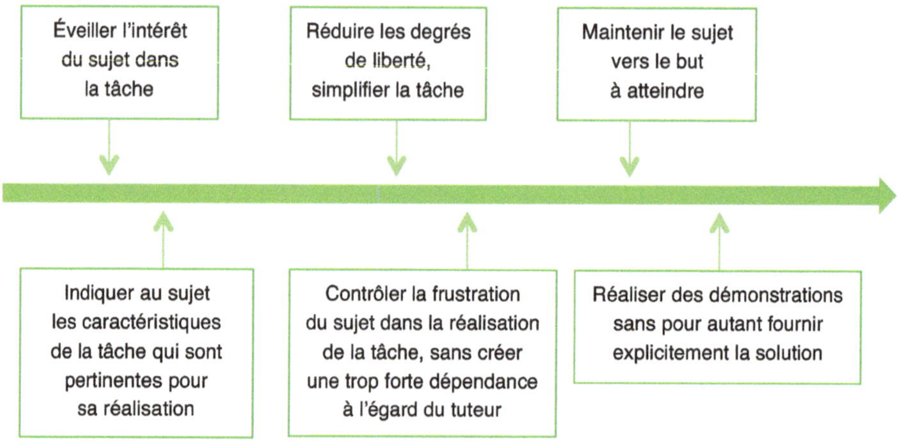

**La place de l'imitation** : on ne peut concevoir le développement humain autrement que comme un processus d'assistance, de collaboration, entre un enfant et un adulte, l'adulte agissant comme médiateur de la culture. L'immaturité permet l'éducabilité, et celle-ci repose notamment sur le jeu et l'imitation. Pour Bruner, l'imitation assure une fonction d'apprentissage par observation du congénère. Ce mode d'apprentissage constitue une condition nécessaire, mais non suffisante, de la transmission de la culture.

### 90. Quelle est la théorie psychosociale du développement présentée par Erikson ?

Erikson, dans la lignée de la théorie de Freud sur les stades de développement de l'enfant, propose une approche psychosociale du développement de l'enfant à travers les stades de développement suivants, ponctués par des crises de développement dont la résolution conduit aux stades suivants.

- De 0 à 1 an et demi : confiance et méfiance. Résolu par l'espoir ;
- de 1 an et demi à 3 ans : autonomie, doute et honte. Résolu par la volonté ;
- de 3 à 6 ans : initiative et culpabilité. Résolu par le but ;
- de 6 à 11 ans : travail et infériorité. Résolu par la compétence ;
- adolescence : rivalité et confusion des rôles. Résolu par la fidélité ;
- jeune adulte : intimité et isolement. Résolu par l'amour ;
- adulte d'âge mûr : stagnation et générativité. Résolu par l'altruisme ;
- adulte d'âge avancé : désespoir et intégrité. Résolu par la sagesse.

# 6 Développement psychomoteur

## 1. Questions 91 à 95

91. Quelles sont les différentes habiletés motrices de l'enfant ?
92. Comment se définit le développement psychomoteur ?
93. Quelles sont les lois du développement psychomoteur ?
94. Quel est l'autre facteur important du développement psychomoteur de l'enfant ?
95. Quels sont les niveaux de l'évolution motrice ?

## 2. Réponses 91 à 95

### 91. Quelles sont les différentes habiletés motrices de l'enfant ?

Le mouvement est signe de vie, les premiers mouvements de la vie d'un enfant se caractérisent par une activité motrice (motricité globale) à travers plusieurs aspects :

- manipulatoire (la saisie d'objet) ;
- locomoteur (ce qui permet de se déplacer) ;
- relationnel (expression, communication) ;
- habile (dans le sens des habiletés motrices).

### 92. Comment se définit le développement psychomoteur ?

L'activité motrice de l'enfant est un instrument fondamental pour conquérir son univers. Cet instrument ne peut être étudié seulement d'un point de vue physiologique. Il doit être rattaché à la vie psychique de l'enfant. Il y a donc des interactions complexes entre le moteur et le psychique. Un développement moteur normal sous-entend un psychisme d'une certaine qualité. L'activité motrice, dans la mesure où elle est intentionnelle, ne peut pas être séparée de l'intelligence, de la connaissance. C'est l'action qui aide l'intelligence à se construire. L'enfant tout petit agit, et c'est progressivement qu'il sera capable de se représenter son action et ce sur quoi il a agi. L'action de l'immédiat et du concret passera à des conduites plus élaborées : l'une nourrit l'autre. Le moteur aide l'intelligence à se construire, et inversement.

Dans le psychisme, il n'y a pas que l'intelligence, la notion d'émotion est importance. Il existe une interaction entre le moteur et l'émotionnel. Wallon a montré le retentissement du tonus musculaire sur l'état émotionnel : le dialogue tonique précède le dialogue verbal. L'activité motrice sera fonction de la qualité des échanges émotionnels entre la mère et l'enfant. Pour que le développement psychomoteur de l'enfant soit harmonieux, il est nécessaire que l'enfant se sente bien et qu'il éprouve du plaisir.

Plusieurs théories expliquent le développement psychomoteur de l'enfant. Les principales sont :

- celles qui font appel à la maturation neurologique ;
- celles qui font appel à l'apprentissage et à l'expérience.

Maturation et apprentissage sont indissociables. L'expérience va retentir sur la maturation et l'accélérer. Inversement, le défaut d'expérience peut retarder la maturation.

### 93. Quelles sont les lois du développement psychomoteur ?

Trois lois caractérisent l'évolution motrice.

**Loi de différenciation** : au départ, le bébé a une motricité globale dont les décharges sont généralisées à tout le corps. L'activité motrice s'affine pour devenir de plus en plus élaborée et plus localisée. Le bébé passe d'une motricité involontaire à une motricité volontaire.

**Loi de variabilité** : l'évolution du développement psychomoteur se fait toujours dans un sens de perfectionnement progressif. Ces progrès ne sont pas uniformes et continus. Cette maturation se réalise par des progressions rapides, mais également par des stagnations, des arrêts, voire des régressions, puis le développement peut repartir.

**Loi de succession** : l'ordre de maturation est d'une remarquable constance. Le développement psychomoteur se réalise à partir de deux lois fondamentales :

- loi céphalo-caudale : les muscles de l'axe du corps sont d'autant plus tôt sous le contrôle de la volonté qu'ils sont proches de la partie céphalique (système nerveux central). Cette loi descendante est marquée par une série d'étapes dans la coordination statique. Donc le contrôle musculaire s'achemine de la tête aux pieds. Par exemple, les muscles du visage sont contrôlés en premier, puis l'enfant peut soulever sa tête avant de parvenir à s'asseoir ;
- loi proximo-distale : les muscles des membres sont d'autant plus tôt sous le contrôle de la volonté qu'ils sont plus proches de l'axe du corps. Cette loi est marquée par une série d'étapes dans la coordination fine. Donc le contrôle s'achemine du centre du corps à la périphérie. L'enfant contrôle en premier ses bras, puis ses mains, puis ses doigts.

## 94. Quel est l'autre facteur important du développement psychomoteur de l'enfant ?

C'est l'environnement. De nombreux facteurs interviennent dans le développement psychomoteur du jeune enfant, tant sur le plan génétique que sur le plan environnemental. L'hérédité, la place dans la fratrie, les choix éducatifs des parents, l'environnement naturel vont se combiner et influencer le développement de l'enfant.

La vie relationnelle est un facteur essentiel pour l'élaboration du développement psychomoteur. Quel que soit son environnement (famille, hôpital, pouponnière), l'enfant a besoin, pour un développement psychomoteur et psychoaffectif harmonieux, de recevoir une qualité et une continuité d'attention pour mettre en place des attachements privilégiés, c'est-à-dire des relations stables et sécurisantes.

## 95. Quels sont les niveaux de l'évolution motrice ?

La locomotion des enfants se développe selon une succession de redressements, de maintiens, d'enchaînements et de déplacements qui vont des positions de décubitus à la station debout et à la marche. Ces très nombreux enchaînements passent par la reptation, les retournements, la quadrupédie et diverses formes de redressement pour parvenir jusqu'à la locomotion bipodale. Ces différents enchaînements sont appelés les niveaux d'évolution motrice (NEM).

C'est à partir de l'observation de la motricité innée que les NEM représentent des situations actives où les aptitudes cérébro-motrices innées interviennent dès les premiers niveaux pour permettre des ajustements automatiquement régulés dans l'exécution des mouvements. Grâce à cette régulation automatique inconsciente et aux expériences répétées, l'enfant apprend à contrôler des NEM puis les NEM suivants.

L'enfant découvre dans ses explorations du milieu extérieur les nombreuses combinaisons d'enchaînements possibles qui multiplient ses possibilités fonctionnelles. Les variations individuelles relatives au développement psychomoteur peuvent s'expliquer par l'existence de nombreux paramètres dont les plus évidents, sans être les seuls, paraissent être les suivants :

- la qualité de la potentialité cérébro-motrice ;
- l'évolution plus ou moins rapide de la maturation du système nerveux ;
- la qualité du développement cognitif et affectif ;
- la qualité des informations extéroceptives et proprioceptives ;
- la richesse des expériences motrices en fonction de la nature du milieu où elles se déroulent (contexte culturel et social).

# 7 Développement du langage

## 1. Questions 96 à 103

96. Qu'est-ce que le langage ?
97. Quelles sont les zones du cerveau mobilisées dans l'apprentissage du langage ?
98. Quelles sont les différentes phases d'acquisition du langage ?
99. Quelles sont les différentes étapes de l'acquisition du langage écrit ?
100. Comment la psychologie cognitive envisage-t-elle l'acquisition du langage ?
101. On parle d'une triple dimension du langage. Pouvez-vous la développer ?
102. Comment Vygotski envisage-t-il l'acquisition du langage ?
103. Comment Bruner conçoit-il l'apprentissage du langage ?

## 2. Réponses 96 à 103

### 96. Qu'est-ce que le langage ?

Le langage est « *la fonction qui permet d'exprimer et de percevoir des états affectifs, des concepts, des idées au moyen de signes* » (Rondal). C'est un système de code propre à une communauté. La parole est la production de significations sous forme de sons articulés. Les linguistes différencient quatre composantes du langage :

- la phonétique : c'est le niveau concernant les sons du langage ou phonèmes ;
- la sémantique : c'est ce qui concerne les mots et leur signification (lexique) ;
- la syntaxe : ce sont les règles d'association des éléments du langage entre eux ;
- la pragmatique : c'est l'étude des actes de parole en situation (prise de parole, échange conversationnel, etc.).

Le langage, principal vecteur de la communication humaine, est aussi un support de la pensée, en rapport avec les processus de symbolisation. Les messages qu'il véhicule ne sont pas seulement des informations ou des demandes : le langage sert aussi à communiquer des sentiments, des impressions, des angoisses. Il prend ainsi une part essentielle dans les relations de l'enfant avec autrui, et est intimement lié au développement et à la structuration du fonctionnement psychique, dans son ensemble.

### 97. Quelles sont les zones du cerveau mobilisées dans l'apprentissage du langage ?

Le langage résulte d'un ensemble de tâches effectuées dans des régions différentes du cerveau : l'aire de Wernicke (compréhension des mots) et l'aire de Broca (production des mots) reliées entre elles par un faisceau de fibres. Les troubles du langage sont appelés « aphasie ». Le langage résulte de la collaboration de ces multiples régions, qui communiquent entre elles, placées dans l'hémisphère gauche, et qui assurent la manipulation des sons, des mots, et des significations. L'apprentissage de la lecture est fortement influencé par les régions du cortex visuel.

### 98. Quelles sont les différentes phases d'acquisition du langage ?

Deux périodes essentielles sont repérables dans l'évolution du langage oral :

- la période prélinguistique ;
- la période linguistique proprement dite.

Leur succession est d'une remarquable régularité ; toutefois, les limites intermédiaires de ces périodes sont relativement arbitraires.

**La période prélinguistique :**

**0-2 mois :** compétences précoces : le nouveau-né montre un intérêt privilégié pour la voix humaine et est capable de différencier des phonèmes. Les cris sont les premières productions vocales de l'enfant : ils se diversifient dès les premières semaines en fonction des états éprouvés par l'enfant (faim, douleur, appel, bien-être) ; la mère leur attribue déjà des significations, et les fait entrer dans un premier système de communication (anticipation créatrice).

**2-6 mois :** au cours du deuxième mois, les vocalisations se diversifient (babil, jasis ou lallation). Il semble s'agir au début d'un jeu sensorimoteur, source de plaisir pour l'enfant. Après le 5e-6e mois, l'enfant entre dans un jeu interactif avec l'environnement maternant.

**6-12 mois :** la production de syllabes bien articulées débute entre 6 et 8 mois. À partir de 8-10 mois, les productions de l'enfant se modifient en fonction du langage du milieu environnant. À l'évolution des productions vocales s'associe un développement de la communication non verbale : par le regard, puis par le sourire (mimiques). Vers 8-9 mois, l'enfant, par l'attention conjointe, cherche à attirer l'attention d'autrui, porte son regard sur ce qu'on lui montre, pointe du doigt en direction d'un objet.

**La période linguistique :**

C'est l'apparition des premiers mots entre 12 et 16 mois. Il s'agit de mono ou dissyllabes systématiquement associées à certains objets ou à certaines situations (demande, désignation). L'accroissement du vocabulaire est très variable d'un enfant à l'autre et est relativement lent jusque vers 16 mois (moyenne 30 mots). Vers la fin de la deuxième année, il s'accélère : 250 à 300 mots vers 2 ans.

Vers 18 mois, l'enfant commence à utiliser le « non », qui montre un progrès de son individualisation. Vers 2 ans, on assiste à une phase d'explosion du vocabulaire. Les mots que connaît le jeune enfant ne se limitent plus aux mots évocateurs de situations ou d'objets, ou familiers extraits de son environnement. Il est aussi capable de combiner les mots, mais les marqueurs grammaticaux sont encore absents ; les articles, prépositions et pronoms, sont rarement employés, ou employés de manière indifférenciée.

Au cours de la troisième année, l'acquisition du vocabulaire s'intensifie pour atteindre environ 1 000 mots à 3 ans. L'enfant perfectionne l'articulation des différents phonèmes (selon une progression assez fixe d'un enfant à l'autre, dépendant des difficultés propres à chaque geste articulatoire). Les phrases sont d'abord de « style télégraphique » (mots-phrases, mots-valises), puis comportent progressivement sujet, verbe, complément, qualificatifs, pronoms ; le « je » apparaît vers 3 ans, marquant une étape importante de l'individuation et de la reconnaissance de sa propre identité par l'enfant. Vers 2 ans et demi, 3 ans, quand l'enfant entre en petite section de l'école maternelle, il émet des phrases, dit les articles tels que « elle, le, la... », des pronoms (il, je, tu...) et des prépositions telles que « à, dans, sur ». Mais l'enfant comprend mieux qu'il ne s'exprime. Il peut encore éprouver des difficultés à prononcer certains mots (avec plusieurs consonnes). Même si on admet que l'ordre d'acquisition du tableau articulatoire peut varier d'un enfant à l'autre, on note généralement que l'articulation des consonnes (*/m/, /p/, /b/*) est acquise vers 3 ans, 3 ans et demi, plus tôt que l'articulation des phonèmes */d/, /t/, /n/, /g/, /k/, /j/* acquise vers 4 ans, 4 ans et demi. On admet enfin qu'entre 6 et 7 ans, l'enfant maîtrise l'ensemble du tableau articulatoire, en particulier le contraste, acquis le plus tardivement, qui oppose les phonèmes */s/* et */z/*.

Le langage adulte de base, correctement articulé, est généralement acquis entre 3 et 5 ans. Au-delà, le langage continue d'évoluer : enrichissement du vocabulaire, perfectionnement de la syntaxe (concordance des temps, accord des participes passés) ; le langage progresse aussi sur le plan expressif et cognitif (acquisition de la métaphore).

Vers 6 ans, l'enfant est en général prêt pour l'apprentissage du langage écrit : la lecture est normalement acquise en une année scolaire ; elle continuera de progresser par la suite (rapidité, automatisation...).

### 99. Quelles sont les différentes étapes de l'acquisition du langage écrit ?

À l'âge de 6 ans environ, l'enfant maîtrise suffisamment le langage oral pour aborder l'apprentissage de la lecture. Toutefois, si l'évolution du langage oral s'opère de façon naturelle, l'apprentissage de la langue écrite résulte, lui, d'un apprentissage explicite. L'apprentissage de la langue écrite dans un système alphabétique requiert en effet un traitement conscient et volontaire des composantes du langage oral.

L'apprentissage de la langue écrite est donc intellectuellement beaucoup plus « coûteux » que celui de la langue orale. L'enfant met progressivement en place différentes stratégies pour identifier et orthographier les mots écrits. Tout au long de ce processus, le développement de ses habiletés langagières va de pair : la lecture stimule l'écriture et inversement. Deux étapes primordiales existent dans cet apprentissage :

- acquérir et automatiser des compétences spécifiques d'identification des mots écrits ;
- développer des compétences plus générales de compréhension du discours.

### 100. Comment la psychologie cognitive envisage-t-elle l'acquisition du langage ?

La psychologie cognitive aborde le langage sous l'angle de la connaissance, c'est-à-dire des phénomènes d'acquisition, de traitement, de stockage en mémoire et de restitution de l'information. La psychologie cognitive s'appuie sur le concept de « représentation » et celui de « processus » qui interviennent pour modifier les représentations (*L'Acquisition du langage*, Michel Fayol).

Le langage écrit présente cinq caractéristiques spécifiques de l'oral (identification de mots ; reconnaissance du lexique ; traitement morphologique ; traitement syntaxique ; structure textuelle) :

- on ne connaît pas d'acquisition de l'écrit sans « instruction » longue ;
- en production d'écrit, il n'y a pas d'interaction en temps réel ni de recours à d'autres canaux (gestuel...) qui corrigent ou aident à comprendre le message ;

- ni la syntaxe ni le lexique ne sont équivalents à l'écrit et à l'oral (beaucoup plus normé) ;
- dimension visuo-graphique : apprentissage coûteux et non préparé « biologiquement » par l'évolution de l'espèce : pose donc des problèmes spécifiques (visuel pour la lecture, moteur pour l'écriture...). Il faut attendre plusieurs années pour que la production d'écrit rejoigne la production d'oral ;
- l'écrit permet une nouvelle possibilité : relire, réécrire, réviser...

### 101. On parle d'une triple dimension du langage. Pouvez-vous la développer ?

Le langage a une triple dimension :
- **sociale** : l'enfant est immédiatement considéré comme un être de compréhension, membre d'un réseau de communication adulte-enfant ;
- **psychologique** : le langage assure le développement de la personne (se construire comme un sujet semblable et différent) ;
- **cognitive** : le langage construit et donne accès aux connaissances. Il les organise, les hiérarchise, les construit en multiples réseaux mobilisables selon les situations.

Les fonctions cognitives du langage sont fondamentales : construire le monde, évoquer l'absent, multiplier les mondes, construire des significations, prendre le pouvoir...

### 102. Comment Vygotski envisage-t-il l'acquisition du langage ?

La notion fondamentale de sa théorie est que le langage possède une origine sociale. L'enfant, dès sa naissance, est dans un réseau d'interactions familiales, ce qui lui permet de développer ses fonctions mentales supérieures, à savoir le langage et la pensée.
L'enfant acquiert le langage grâce à deux racines : une racine verbale de communication avec l'entourage et une racine intellectuelle avec la construction de représentations. Il s'approprie petit à petit des instruments psychologiques grâce à l'aide de l'adulte, tels que le langage, l'écriture ou le calcul. C'est essentiellement le langage qui permet le développement de l'intelligence de l'enfant.

### 103. Comment Bruner conçoit-il l'apprentissage du langage ?

Le modèle décrit par Bruner permet d'expliquer comment se construisent et s'enchaînent les interactions qui sont au centre de la construction du langage : lors d'activités conjointes de la mère et de l'enfant, chaque comportement de ce dernier (mimique, geste, vocalise...) est interprété par la mère comme le signe d'un désir ou d'une intention, qu'elle peut alors nommer, permettant ainsi à l'enfant d'accéder au langage.

Avec les premières lignes d'introduction du livre *Comment les enfants apprennent à parler*, (Paris, Retz, 1987, p. 13-14), Bruner situe le cadre de sa théorie : « *Lorsqu'on dit qu'un enfant acquiert le "langage", on peut donner au moins trois interprétations à cette assertion :*
*1) syntaxique : [...] énoncer quelque chose en conformité avec les règles de la grammaire. [...] ;*

*2) sémantique : [...] sa maîtrise est au service d'une fin propre au sujet : faire quelque chose avec des mots dans le monde réel, quelque chose qui ait un sens. C'est ici le deuxième aspect du langage : sa possibilité de se référer à quelque chose et de signifier quelque chose [...] ;*
*3) pragmatique : [...] la fonction du langage ou intention communicative ou son pouvoir de "faire quelque chose avec des mots". Ici, le critère pour juger des progrès dans l'acquisition n'est pas tellement la conformité grammaticale, sémantique ou référentielle, mais plutôt l'efficacité [...].* »

Le caractère fonctionnel du langage est essentiel pour Bruner qui cite, en exergue, Noam Chomsky : « *La simple présentation des faits ne suffit pas pour pouvoir acquérir le langage... Il nous faut découvrir ce qui est indispensable pour faire fonctionner le système.* » Bruner déplore l'approche traditionnellement structurale du langage qui considère « *le langage comme un code, un ensemble de règles de production d'énoncés grammaticaux et de compréhension par extraction des significations* ». Cette tradition ancienne est renforcée par les analyses de Saussure (1959) et Jakobson (1972), amplifiées par celles de Chomsky (1965). Pour Bruner, cette approche qui donne la priorité aux questions de syntaxe, qui insiste sur les modifications structurelles du langage, néglige les fonctions, la manière dont le langage est utilisé, alors que les utilisations du langage sont pour lui « *d'une importance capitale pour comprendre comment le langage est acquis, comment il est utilisé au début* » (*Comment les enfants apprennent à parler*, *op. cit.*, p. 13).
Son objectif est d'« *insister sur la fonction du langage* ». Il considère son approche comme une éthologie de l'acquisition du langage chez le jeune enfant.

# 8 L'après-Piaget

## 1. Questions 104 à 114

104. Quels ont été les apports de la recherche dans le développement cognitif de l'enfant après Piaget ?
105. Qu'est-ce que la théorie de l'esprit ?
106. Quel est le rôle des émotions dans le comportement ?
107. Qu'ont révélé les expériences d'imagerie neuronale ?
108. Que savons-nous du développement du cerveau ?
109. Qu'est-ce que la cognition sociale ? La théorie de l'esprit ?
110. Quels sont les facteurs de l'environnement social et les facteurs internes de l'enfant qui influencent le rythme de développement de cette théorie ?
111. Quel rôle joue la culture dans le développement de l'enfant et les apprentissages ?
112. Que pouvez-vous dire sur le rôle de la mémoire dans le développement cognitif de l'enfant ?
113. Quelles sont les étapes de la mémorisation ?
114. Quelles sont les diverses stratégies possibles de l'encodage ?

# 2. Réponses 104 à 114

**104. Quels ont été les apports de la recherche dans le développement cognitif de l'enfant après Piaget ?**

La recherche, essentiellement en psychologie cognitive et en neurosciences cognitives, a révélé certains points :

- il existe déjà des capacités cognitives complexes chez le bébé ;
- il existe dans le développement de l'enfant des stagnations, des accélérations, des ruptures ; des aspects de stades différents peuvent se chevaucher ;
- l'enfant doit aussi apprendre à être un « petit psychologue » pour comprendre comment il fonctionne et comment fonctionnent les autres (comportements, émotions) ;
- l'apprentissage correspond à la fois à une maturation génétique et aux conditions de l'environnement (l'expérience).

Cette nouvelle psychologie du développement de l'enfant remet en cause le « modèle de l'escalier » de Piaget. La plupart des théories actuelles penchent en faveur d'une progression de l'intelligence graduelle et, de ce fait, quasi continue : elle n'évolue plus par bonds et vers l'avant, mais par petits pas rapprochés, marqués d'arrêts, de retours en arrière et de faux pas. On parle aussi de vagues successives. Cette conception dynamique de l'intelligence est au cœur des théories évolutionnistes du développement.

**105. Qu'est-ce que la théorie de l'esprit ?**

Les 20 dernières années ont vu se développer un domaine plus particulier des études sur les compétences du nourrisson : la « théorie de l'esprit », cette capacité qu'ont les enfants à attribuer des sentiments et des croyances à eux-mêmes et à autrui. Cette approche explore les conceptions de l'enfant relatives aux croyances et aux désirs.

Le psychologue américain John Flavell étudie quand et comment les enfants font appel à des entités mentales inobservables (croyances, désirs, intentions, connaissances, etc.) pour décrire, expliquer et prédire les conduites humaines observables. Au raisonnement de type logico-mathématique, le chercheur préfère le terme « pensée ». Une pensée qu'il envisage comme le fruit d'interactions subtiles entre la perception, les croyances, les états mentaux et physiologiques, les émotions, les désirs, les intentions et les comportements.

Le rôle crucial des émotions dans tout processus de raisonnement avait déjà été mis au jour par le psychologue Antonio R. Damasio. Les expériences d'imagerie neuronale d'Olivier Houdé ont depuis confirmé et précisé ces informations. Le psychologue observe de moindres performances logico-mathématiques dans des cerveaux « froids » (lors d'une expérience qui ne sollicite pas d'émotions particulières) plutôt que « chauds ».

Enfin, la théorie de l'esprit est étroitement liée à l'empathie : c'est ce que nous pensons être les états mentaux d'une autre personne (son embarras, sa douleur, etc.) qui nous permet de ressentir de l'empathie à son égard.

### 106. Quel est le rôle des émotions dans le comportement ?

Les émotions résultent d'un état mental subjectif habituellement provoqué par un stimulus externe. La joie, la tristesse, la peur, la colère, le dégoût et la surprise constituent les émotions de base. Les émotions de base sont la joie, la tristesse, la peur, la colère, le dégoût et la surprise. À celles-ci s'ajoutent des émotions « sociales » : embarras, honte, sympathie, orgueil, gratitude, mépris... La naissance d'une émotion suit différentes étapes dans le système nerveux, de la transmission des stimuli à leur réception par le cortex et à leur traitement dans des régions spécifiques comme le système limbique. Situées au centre du cerveau, les structures impliquées sont principalement l'hypothalamus, le noyau accumbens, l'amygdale et l'insula ainsi que le striatum ventral et le cortex orbitofrontal. L'ensemble de ces régions traitent les informations sensorielles et affectives, organisent les actions dans le temps, et planifient le comportement en fonction du contexte et de l'environnement social.

### 107. Qu'ont révélé les expériences d'imagerie neuronale ?

Il y a trois systèmes cognitifs dans le cerveau :

- l'un est rapide, automatique et intuitif (le système 1) ;
- l'autre est plus lent, logique et réfléchi (le système 2) ;
- un troisième système, sous-tendu par le cortex préfrontal, permet l'arbitrage, au cas par cas, entre les deux premiers. C'est ce système 3 qui assure l'inhibition des automatismes de pensée (issus du système 1) quand l'application de la logique (système 2) est nécessaire (Olivier Houdé).

### 108. Que savons-nous du développement du cerveau ?

L'enfance est une période au cours de laquelle le cerveau subit des changements importants. De façon intuitive, plusieurs personnes s'attendent à ce que le développement du cerveau se fasse par une augmentation de sa taille avec l'âge. Pourtant, ce n'est pas le cas. Les différentes zones du cerveau se développent selon des trajectoires individuelles, en grossissant et en diminuant avec le temps.

Les interactions entre les changements guidés par l'expérience et ceux dus à la maturation lors du développement du cerveau sont complexes. La maturation du cerveau est à la fois caractérisée par des épisodes de progression et des épisodes de régression, et ces changements sont reliés à ceux observés au niveau comportemental. Cependant, jusqu'à présent, on a souvent classé ces relations en utilisant des corrélations.

Même si cela peut nous éclairer de façon indirecte sur les relations entre le cerveau et le comportement, cela ne nous donne aucune information sur la directionnalité de ces relations : est-ce la maturation du cerveau qui conduit le développement du comportement ou est-ce l'inverse ? Ou bien est-ce plus complexe, chaque processus guidant l'autre ? Le développement du cerveau est un processus continu qui se poursuit pendant toute l'enfance et l'adolescence. Il est probable que des facteurs innés et l'expérience soient impliqués dans ce processus. Par ailleurs, l'inverse semble vrai aussi : l'expérience et son impact sur l'enfant en développement seraient possibles grâce à la maturation du cerveau.

Toutefois, les mécanismes par lesquels cela se produit ne sont pas entièrement compris. Il n'est pas établi non plus qu'ils s'appliqueraient de la même façon à tous les stades du développement.

### 109. Qu'est-ce que la cognition sociale ? La théorie de l'esprit ?

La cognition sociale se rapporte à la compréhension de la façon dont les gens se comportent, que ce soit les autres ou soi-même. Ces dernières années, c'est sous le titre de « théorie de l'esprit » que la plupart des recherches sur la cognition sociale ont été effectuées.

La cognition sociale désigne la conscience des états mentaux d'autrui et de soi-même (c'est-à-dire l'acquisition de la théorie de l'esprit), y compris les émotions, les motifs, les désirs et les sentiments. Les habiletés sociocognitives, telles que la capacité de comprendre, de décrire et de prédire les états mentaux d'une autre personne, permettent aux enfants de développer une bonne cognition sociale. Le développement de la compréhension sociale et cognitive est particulièrement important durant la petite enfance, car elle prépare l'enfant à interagir de façon appropriée dans le monde social avant de commencer l'école. Par exemple, c'est par l'intermédiaire d'activités de groupe que les enfants apprennent l'importance du partage. Cette habileté cruciale est acquise lorsque l'enfant comprend que les autres enfants peuvent également avoir envie de jouer avec les mêmes jouets que lui.

Dans le même ordre d'idées, des études récentes indiquent que les habiletés sociocognitives d'un enfant semblent avoir une incidence directe sur sa réussite scolaire et sur la qualité des relations qu'il entretient avec les autres. Les enfants ayant une cognition sociale plus développée ont tendance à bien communiquer, à être compétents sur le plan social et académique, à être populaires auprès de leurs pairs et à être heureux à l'école. À l'inverse, les enfants qui manifestent des lacunes sociocognitives sont plus susceptibles d'avoir de la difficulté à faire la transition vers l'école, de réagir plus violemment à des parents autoritaires et d'éprouver des difficultés à l'école, qui pourraient être considérées à tort comme des problèmes de comportement (par exemple, manquer de respect envers son enseignant). Enfin, il est important de favoriser rapidement l'acquisition d'habiletés sociocognitives chez les jeunes enfants, car elles ont une grande incidence sur le développement social et la réussite scolaire lorsqu'elles sont acquises en bas âge.

### 110. Quels sont les facteurs de l'environnement social et les facteurs internes de l'enfant qui influencent le rythme de développement de cette théorie ?

Certains facteurs de l'environnement social influencent la vitesse du développement normal de la théorie de l'esprit : par exemple, les enfants manifestent plus tôt qu'ils ont conscience des états mentaux si les adultes qui les entourent leur parlent de leurs pensées, souhaits et sentiments, et qu'ils expliquent leurs raisons. Les enfants qui ont des frères et/ou des sœurs prennent conscience des états mentaux plus tôt que les enfants uniques.

La vitesse de développement de cette théorie est également influencée par la participation des enfants à des jeux de simulation, par leurs expériences de lecture de livres d'histoire et de conversations avec d'autres au sujet d'expériences passées.

Les facteurs internes de l'enfant qui influencent la vitesse de développement sont leurs habiletés langagières et leurs compétences cognitives qui contrôlent et régulent le comportement (connues sous le terme de fonctions exécutives).

### 111. Quel rôle joue la culture dans le développement de l'enfant et les apprentissages ?

La culture correspond aux connaissances, aux outils et aux attitudes accumulés au fil des générations, qui imprègnent le milieu immédiat de l'enfant, y compris les « pratiques » culturelles des membres de la famille nucléaire et des proches. Ces membres enculturés de la société sont eux-mêmes soumis à diverses influences émanant à la fois du milieu naturel et de la collectivité alors qu'ils remplissent leur rôle, qui peut être de s'occuper d'autres personnes et de gagner sa vie, par exemple.

La culture joue un rôle capital dans la façon dont les enfants interprètent le monde. Bon nombre de psychologues estiment que les enfants issus de groupes culturels différents apprennent un « style cognitif » de base, concept défini par les diverses écoles de pensée en des termes qui diffèrent quelque peu, mais se recoupent.

La culture influence ainsi divers aspects du développement des enfants. Un enfant vivant au sein d'une culture ne comportant pas de système d'éducation officiel apprend en interagissant avec des adultes ou en les observant lorsqu'ils prennent part à des activités pertinentes sur le plan culturel (par exemple, dans la culture paysanne maya traditionnelle, les mères enseignent le tissage à leur fille).

La culture joue également un rôle dans le développement socioaffectif en encourageant ou en décourageant certains comportements. Bien que la plupart des connaissances actuelles en matière de développement socioaffectif proviennent d'études effectuées auprès d'enfants d'Amérique du Nord, il existe une variabilité culturelle.

**112. Que pouvez-vous dire sur le rôle de la mémoire dans le développement cognitif de l'enfant ?**

La mémoire se compose de cinq systèmes impliquant des réseaux neuronaux distincts, bien qu'interconnectés :

- la mémoire de travail (à court terme) est au cœur du réseau ;
- la mémoire sémantique et la mémoire épisodique sont deux systèmes de représentation consciente à long terme ;
- la mémoire procédurale permet des automatismes inconscients ;
- la mémoire perceptive est liée aux sens.

Cet ensemble complexe est indispensable à l'identité, à l'expression, au savoir, aux connaissances, à la réflexion, et même à la projection de chacun dans le futur.

**La mémoire de travail** (ou mémoire à court terme) est en fait la mémoire du présent. Elle permet de retenir des informations pendant quelques secondes, voire quelques dizaines de secondes. Nous la sollicitons en permanence à chaque instant, par exemple pour retenir un numéro de téléphone le temps de le noter. Dans la plupart des cas, les mécanismes neurobiologiques associés à la mémoire de travail ne permettent pas le stockage à long terme de ce type d'informations : leur souvenir est vite oublié. Néanmoins, il existe des interactions entre le système de mémoire de travail et ceux de la mémoire à long terme. Elles permettent la mémorisation de certains événements et, ainsi, de se remémorer des souvenirs anciens face à certaines situations présentes, afin de mieux s'adapter.

**La mémoire sémantique** permet l'acquisition de connaissances générales sur soi (son histoire, sa personnalité) et le monde (géographie, politique, actualité, nature, relations sociales ou encore expérience professionnelle). C'est la mémoire du savoir et de la connaissance. Elle concerne des données personnelles accessibles à notre conscience et que l'on peut exprimer.

**La mémoire épisodique** est une forme de mémoire explicite. Elle permet de se souvenir de moments passés (événements autobiographiques) et de prévoir le lendemain. En effet, lorsqu'on demande à une personne d'évoquer un souvenir qui s'est déroulé au cours des derniers mois ou de penser aux prochaines vacances afin d'imaginer ce qui va s'y passer, ce sont les mêmes circuits cérébraux qui sont activés. Les détails des souvenirs épisodiques se perdent avec le temps (où, quand et comment l'événement s'est-il passé ?). Les traits communs aux différents événements vécus s'amalgament les uns aux autres pour devenir des connaissances qui ne sont plus liées à un événement particulier. La plupart des souvenirs épisodiques se transforment donc, à terme, en connaissances générales.

**La mémoire procédurale** est la mémoire des automatismes. Elle permet de conduire, de marcher, de faire du vélo ou du ski sans avoir à réapprendre à chaque fois. Cette mémoire est particulièrement sollicitée chez les artistes ou encore chez les sportifs pour acquérir des procédures parfaites et atteindre l'excellence. Ces processus sont effectués de façon implicite, c'est-à-dire inconsciente. La personne ne peut pas vraiment expliquer comment elle procède, pourquoi elle tient en équilibre sur ses skis ou descend sans tomber. Les mouvements se font sans contrôle conscient et les circuits neuronaux sont automatisés.

**La mémoire perceptive** dépend des modalités sensorielles, notamment de la vue pour l'espèce humaine. Cette mémoire fonctionne beaucoup à l'insu de l'individu. Elle permet de retenir des images ou des bruits sans s'en rendre compte. C'est elle qui permet à une personne de rentrer chez elle par habitude, grâce à des repères visuels. Cette mémoire permet de se souvenir des visages, des voix, des lieux.

**Synthèse de l'architecture de la mémoire**

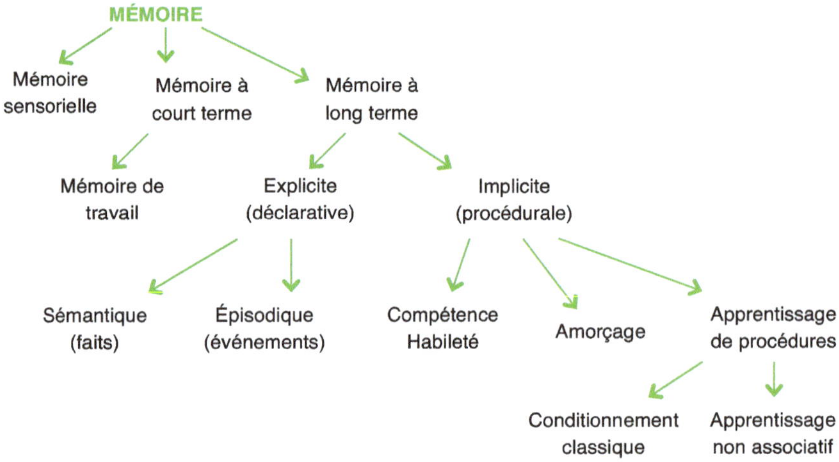


### 113. Quelles sont les étapes de la mémorisation ?

Il y en a trois :

- **l'encodage** : l'information doit être « codée », c'est-à-dire être transmise par l'hippocampe à un ou plusieurs lobes spécialisés qui vont la traiter et en faire une « trace mnésique » : un circuit nerveux est tracé dans le cerveau. Plus le codage est précis, plus la trace mnésique est profonde et l'information bien enregistrée. Par exemple : si je retiens précisément le nom de la personne, l'orthographe de son nom, son visage, sa ville d'habitation, les quatre premiers numéros et le fait que les quatre derniers numéros correspondent à la date de naissance de mon père, j'ai codé mon information de façon assez précise pour pouvoir la retrouver. Cela exige un acte de mémorisation volontaire ;

- **le stockage** de l'information. Comme nous l'avons dit, il n'y a pas un lieu de stockage particulier puisque l'information est stockée sur les circuits créés entre certains neurones par des connexions nouvelles. Mais ce stockage obéit à des règles : on observe qu'il y a un stockage à court terme constitué d'informations enregistrées récemment volontairement ou involontairement ; la mémoire a une capacité limitée et se vide très vite pour laisser la place aux nouvelles informations qui arrivent. Ainsi, un cours suivi le matin même laisse encore des souvenirs dans la mémoire à court terme le soir mais, dès le lendemain, les nouveaux cours vont prendre sa place dans la mémoire à court terme. Pour garder sa « trace mnésique », il faut qu'il y ait un premier apprentissage tout de suite. Le cours peut alors passer dans la mémoire à long terme. Le stockage à long terme a une capacité beaucoup plus importante : on peut y placer bien des souvenirs et connaissances à condition de bien les coder et les organiser pour pouvoir les retrouver ;
- **le rappel des informations enregistrées** est la troisième étape : inutile d'apprendre et de mémoriser si l'on ne parvient pas à se rappeler ce qu'on a appris au bon moment ! Pour que cela fonctionne, il faut que l'information ait été enregistrée correctement : avec un codage assez élaboré pour que la mémoire puisse se raccrocher à des repères précis et variés (nom de la personne, ville d'habitation, formule mnémotechnique pour se rappeler son numéro). Il faut aussi qu'il y ait eu une bonne organisation de l'information enregistrée (par exemple pour se souvenir des planètes du système solaire, savoir qu'il y en a 8, et qu'on les a apprises de la plus proche à la plus lointaine du Soleil ; pour telle liste de mots, savoir qu'il y en a 30 classés en 4 parties, etc.).

### 114. Quelles sont les diverses stratégies possibles de l'encodage ?

On peut utiliser différentes stratégies pour faciliter l'encodage. Si on doit apprendre le mot « girafe » :

- faire appel à une stratégie sémantique :
  - associer le mot « girafe » à sa catégorie : animal,
  - associer le mot « girafe » à ses attributs : grand cou, etc. ;
- faire appel à une stratégie phonologique : le mot « girafe » commence comme « grand », par la lettre « g ».

Plus vous mettrez en place de stratégies lors de l'encodage et plus vous parviendrez à un apprentissage efficace.

PARTIE II

# Développement de l'enfant et pédagogie

## 86 questions

# 1 Généralités

## 1. Questions 115 à 137

115. En quoi les théories du développement de l'enfant sont-elles utiles au pédagogue ?

116. De quoi le jeune enfant a-t-il essentiellement besoin pour un développement harmonieux ?

117. En quoi les relations et les interactions positives sont-elles importantes pour l'apprentissage de l'élève ?

118. Que peut-on retenir de l'enseignement de Dewey dans la perspective pédagogique ?

119. Quel pédagogue est à l'initiative des « méthodes actives » ?

120. Pouvez-vous citer quelques-unes des techniques Freinet ?

121. Pouvez-vous dire comment Freinet envisageait la classe ?

122. Quels sont les apports de Maria Montessori dans l'éducation des enfants ?

123. Quelle est l'idée-phare de Maria Montessori ?

124. Depuis quelques années, la pédagogie Montessori refait surface avec force. Que pouvez-vous dire sur cette pédagogie ?

125. Quels sont les principes de la pédagogie Montessori ?

126. Quelles sont, selon vous, les conditions d'accueil adaptées aux besoins physiologiques et psychologiques des enfants de moins de 3 ans ?

127. Quelles différences faites-vous entre méthodes actives et apprenants actifs ? S'agit-il du même processus ?

128. Pourquoi l'apprenant doit-il être actif et acteur ?

129. À quoi l'enseignant doit-il particulièrement veiller dans la perspective piagétienne ?

130. Quelle est la situation pédagogique d'apprentissage prônée par le constructivisme ?

131. De la théorie de Vygotski ressort l'importance de l'interaction sociale et de la culture pour le développement cognitif, langagier et social de l'enfant. Quelle forme de pédagogie répond à cette théorie ?

## Développement de l'enfant et pédagogie

132. Comment le concept de zone proximale de développement peut-il se traduire en classe ?

133. Qu'est-ce que la métacognition et pourquoi favoriser les pratiques de métacognition ?

134. Comment pourrait-on appliquer la théorie des intelligences multiples à une séance pédagogique ?

135. Comment pouvons-nous favoriser le développement optimal du cerveau ?

136. Comment la capacité à faire plaisir influe-t-elle l'apprentissage ?

137. Qu'est-ce que l'empathie ? Développez.

# 2. Réponses 115 à 137

**115. En quoi les théories du développement de l'enfant sont-elles utiles au pédagogue ?**

Les fondements théoriques de l'apprentissage aident à comprendre comment le jeune enfant apprend. Une bonne connaissance des fondements théoriques est essentielle à tous les pédagogues enseignant auprès des enfants. Ils fournissent les paramètres dont ils ont besoin pour :

- choisir les approches pédagogiques, les projets éducatifs et les activités éducatives les plus favorables au développement des enfants ;
- organiser un environnement riche, stimulant et accueillant pour les enfants ;
- guider les enfants dans les acquisitions cognitives et comportementales appropriées à leur niveau de développement.

**116. De quoi le jeune enfant a-t-il essentiellement besoin pour un développement harmonieux ?**

Selon la théorie de l'attachement élaborée par John Bowlby et Mary Ainsworth, les soins de qualité prodigués dès la naissance par les parents ou leurs substituts permettent à l'enfant d'acquérir la confiance en soi nécessaire pour explorer son monde et développer des compétences cognitives et sociales.

Les enseignants peuvent faciliter le développement de l'attachement et de la confiance en soi par des interactions affectueuses, régulières, fiables et authentiques.

Les dernières découvertes faites par les neurosciences affectives et sociales (NAS) sur le développement du cerveau affectif et social aident à mieux comprendre l'enfant. Elles éclairent sur les conditions nécessaires à l'épanouissement de l'être humain et incitent à une véritable révolution éducative.

**117. En quoi les relations et les interactions positives sont-elles importantes pour l'apprentissage de l'élève ?**

La qualité de la relation entre l'enfant et l'enseignant devient un facteur important de prédiction lorsqu'il s'agit :

- des types de relations sociales que l'enfant entretiendra avec ses pairs ;
- de ses problèmes de comportement ;
- de sa réussite scolaire.

Une approche pédagogique découlant de la théorie de l'attachement insiste sur le rôle de l'enseignant dans le domaine de la gestion du comportement. L'approche privilégiée par les neurosciences place ainsi l'empathie au centre des compétences de l'enseignant. Cette capacité à comprendre l'autre pour entrer en relation avec lui est une compétence que doit développer l'enseignant.

### 118. Que peut-on retenir de l'enseignement de Dewey dans la perspective pédagogique ?

Une éducation véritable résulte de la stimulation que reçoit l'enfant dans un contexte social donné. Dewey avait la conviction que l'enfant apprend mieux en interaction avec d'autres ou en groupe. Même lorsque l'enfant travaille seul, il doit avoir la possibilité de consulter les autres.

Toute éducation doit partir des champs d'intérêt et des capacités de l'enfant. D'après Dewey, toute expérience d'apprentissage doit s'inspirer des champs d'intérêt et des connaissances antérieures de chaque enfant et de chaque groupe d'enfants. L'éducation est un processus d'actualisation de la vie et non une préparation pour la vie. Selon Dewey, l'éducation fait partie intégrante de la vie et chaque personne apprend tout au long de sa vie. L'éducation doit répondre aux besoins des enfants au moment présent plutôt que de les préparer pour l'avenir.

L'éducation est à la fois de nature active et interactive. Elle doit tenir compte du monde social de l'enfant et de sa communauté. Lorsque l'enfant s'engage dans une expérience d'apprentissage qui joint ses champs d'intérêt et qui a des liens avec ses expériences antérieures, il prend plaisir à apprendre. Toutefois, le plaisir en soi ne suffit pas pour rendre une expérience éducative. Comme nous l'avons déjà précisé, pour être éducative, une expérience d'apprentissage doit avoir un but éducatif clair et être planifiée en conséquence. Idéalement, les expériences d'apprentissage destinées aux jeunes enfants s'inspirent de situations réelles provenant de leur vie quotidienne, familiale ou communautaire.

### 119. Quel pédagogue est à l'initiative des « méthodes actives » ?

Persuadé de la faiblesse d'un enseignement essentiellement basé sur le verbe, et de l'importance de l'activité librement consentie de l'élève, Célestin Freinet (1896-1966) cherche par tous les moyens à rendre l'élève actif. Il est le fondateur d'un mouvement pédagogique basé sur la motivation partant des élèves, sur l'enseignement actif et le travail en équipe. Il est l'un des plus grands pédagogues du XX^e siècle. Les techniques qu'il a mises au point, aujourd'hui banalisées, n'en ont pas moins été un jour révolutionnaires.

Sa pédagogie qui entend faire de la classe un atelier insiste, comme celle de Dewey, sur le rôle du travail et de la coopération dans l'apprentissage, ainsi que sur l'insertion de l'école dans la vie locale. Il est l'inventeur d'une pédagogie rigoureuse fondée sur des techniques novatrices.

### 120. Pouvez-vous citer quelques-unes des techniques Freinet ?

Il a mis en œuvre l'essentiel de ses méthodes :

- le journal de classe ;
- l'échange et la correspondance scolaire (inter et extra) ;
- les fichiers autocorrectifs pour s'opposer aux manuels scolaires ;

- les plans de travail généraux annuels, les plans de travail généraux mensuels (œuvre du professeur) et les plans de travail individuels établis par les élèves avec l'aide du professeur ;
- la bibliothèque de travail ;
- les moyens audiovisuels ;
- la photographie ;
- la production de textes libres ;
- l'imprimerie ;
- l'individualisation du travail ;
- l'éducation corporelle ;
- la coopérative scolaire.

### 121. Pouvez-vous dire comment Freinet envisageait la classe ?

Les observations, les enquêtes, les expériences vécues par l'apprenant enrichissent et renouvellent sans cesse les contenus. Ceux-ci font l'objet de plans de travail élaborés conjointement par le formateur et les apprenants dans un esprit de coopération. Freinet utilisa la notion de doute comme une « *arme souveraine contre tout système et tout endoctrinement* » et proposa d'appliquer à l'enseignement une méthode expérimentale permanente qui permette aux apprenants comme aux éducateurs de se remettre à vivre et à créer.

### 122. Quels sont les apports de Maria Montessori dans l'éducation des enfants ?

En 1896, Maria Montessori devient la première femme médecin italienne. Elle travaillera pendant dix ans en psychiatrie en s'occupant d'abord d'enfants en retard sur le plan intellectuel. C'est là qu'elle découvre que les enfants dits « débiles » n'ont aucun jeu à leur disposition, alors qu'ils ont besoin d'actions pour progresser et qu'ils ont besoin de leurs mains pour développer leur intelligence.

Elle réussit à rééduquer des « *attardés mentaux jugés irrécupérables* » : elle utilise pour cela un mobilier et tout un matériel pédagogique adaptés à la taille et à la force physique des enfants pour ainsi avoir la possibilité de les faire agir et d'entraîner tous leurs sens. Montessori pense en effet que le développement cognitif de l'enfant naît des sensations. Satisfaite des résultats obtenus avec les enfants « attardés », elle émet alors l'hypothèse que « *les méthodes qui aident le développement psychique des arriérés pourraient aider le développement des enfants normaux* ».

### 123. Quelle est l'idée-phare de Maria Montessori ?

Pour elle, l'apprenant a une forme d'esprit capable d'absorber la connaissance ; il a la possibilité de s'instruire lui-même. Le procédé est particulièrement évident dans la façon dont un jeune enfant apprend sa langue maternelle, sans instruction formelle et sans l'effort conscient et fastidieux dont fait preuve un adulte pour maîtriser une langue étrangère. Acquérir l'information de cette façon est une activité naturelle et délicieuse pour le jeune enfant qui utilise tous ses sens pour étudier son environnement intéressant. Montessori considère qu'il existe des « périodes sensibles », c'est-à-dire des moments du développement favorables à l'acquisition de telle ou telle connaissance. Ces périodes durent deux ans. Celle que l'enfant traverse entre ses 4 et 6 ans est décisive pour son développement ultérieur. C'est le moment des acquisitions fondamentales dans le domaine sensorimoteur et c'est la période au cours de laquelle sont jetées les bases de tout développement ultérieur.

**124. Depuis quelques années, la pédagogie Montessori refait surface avec force. Que pouvez-vous dire sur cette pédagogie ?**

Médecin, philosophe, psychologue, Maria Montessori fut aussi une grande pédagogue très en avance sur son temps. « *L'enfant n'est pas un vase que l'on remplit, mais une source que l'on laisse jaillir* » : telle est la philosophie de l'éducation de Maria Montessori, première femme médecin d'Italie, dévouée à la cause des enfants. « *Éduquer, ce n'est pas dresser* », prône celle qui, en janvier 1907, ouvre la première Maison des enfants (*Casa dei bambini*). Son idée nouvelle ? Mettre à la disposition des écoliers un matériel adapté, mais surtout les laisser libres de choisir eux-mêmes les activités qu'ils souhaitent faire, pendant le temps qu'ils désirent. Elle constate alors, avec surprise, que les tout-petits (dès 3 ans) sont capables de faire preuve d'une concentration et d'une autodiscipline inattendues. C'est ainsi que naît la pédagogie Montessori : dès lors que l'enfant se trouve dans un environnement propice, accompagné par un éducateur qui s'adapte à lui et le stimule, il apprend par lui-même, à son rythme.
Maria Montessori a proposé une pédagogie tenant compte des besoins des enfants à chaque stade de la croissance humaine. Le concept « d'environnement préparé » est un concept complexe de la pédagogie Montessori. Il est constitué non seulement du groupe d'enfants et de l'éducateur, mais aussi de l'ambiance et du matériel pédagogique proposé. La manière dont nous répondons aux besoins psychiques et intellectuels est déterminante pour le développement de l'enfant, pour la prise de conscience de soi et la construction de la personnalité, ainsi que pour la manière d'appréhender les événements, de modeler ses attitudes futures face à la vie, pour la formation de l'intelligence et l'élaboration du sens social.
L'enfant possède un esprit absorbant. Il s'agit de cette forme d'intelligence particulière, propre au jeune enfant, qui a la faculté d'« absorber » tout ce qui l'entoure et de construire sa personnalité avec ce que lui offre et lui refuse son milieu. Les manifestations extérieures de cette faculté sont des sensibilités particulières et passagères appelées périodes sensibles. Chaque période sensible permet à l'enfant de se mettre en relation avec un aspect particulier de son environnement ; les acquisitions faites au cours de cette période se font dans l'enthousiasme.

La réponse éducative à l'esprit absorbant de l'enfant consiste en une aide indirecte à travers la préparation d'un environnement adapté à la taille et à la force de l'enfant, l'invitant à l'auto-activité à travers la mise à disposition du matériel de développement. L'enfant peut donc choisir ses activités selon une motivation interne, profonde, qui correspond à ses périodes sensibles. En s'exerçant régulièrement et en observant, il focalise son attention et développe peu à peu sa capacité de concentration.

### 125. Quels sont les principes de la pédagogie Montessori ?

**La liberté** : c'est une notion fondamentale de la pédagogie Montessori. En classe, les enfants sont libres de choisir l'activité qu'ils souhaitent faire parmi celles qui leur sont proposées, à la seule condition d'avoir déjà « vu » cette activité avec l'éducateur(trice), et peuvent y passer le temps qu'ils veulent. Ils ont aussi le droit de parler (à voix basse) et de se déplacer comme ils l'entendent dans la classe, tant que l'ambiance de travail est respectée.

**L'autodiscipline** : elle va de pair avec la notion de liberté et s'applique tout autant pour l'attitude que pour les corrections. Plutôt que d'attendre passivement les corrections d'un tiers, l'enfant est invité à repérer lui-même ses erreurs. D'autant que, selon la méthode Montessori, il ne s'agit pas tant d'avoir « juste » ou « faux » que de s'exercer à faire mieux, de se perfectionner dans l'activité.

**L'action en périphérie** : selon Maria Montessori, il est plus profitable d'agir sur son environnement plutôt que sur l'enfant lui-même. En pratique, il s'agit par exemple de parler moins fort pour l'inciter à en faire autant, plutôt que de lui ordonner de le faire. Ou encore, de mettre à sa portée un meuble à chaussures et à chaussons, plutôt que de lui demander d'aller les ranger ou les chercher dans un placard.

**Le respect du rythme de chacun** : peu importe que l'enfant soit rapide ou lent, tant qu'il est concentré. La pédagogie Montessori met l'accent sur le respect du rythme de chaque enfant, et préconise de ne pas mettre d'étiquettes aux enfants (« Tu es lent » ; « Tu es rapide »), au risque de l'enfermer dans ce qualificatif. Et Maria Montessori d'ajouter que le rythme de chacun peut varier en fonction des moments de la journée, de l'activité, des différentes périodes de son développement, et que les apprentissages des enfants se font par à-coups.

**L'apprentissage par l'expérience** : l'abstraction ne se transmet pas. Tel est le postulat à partir duquel se base la réflexion montessorienne. Pour s'approprier les concepts, l'enfant doit manipuler, de façon tangible et concrète, avec ses cinq sens. Là encore, cela passe par l'utilisation de matériel adapté. Il s'agit par exemple, pour expérimenter l'unité, la dizaine, la centaine, etc., d'utiliser des perles. Les enfants peuvent les soupeser, les comparer, et intégrer, par la vue et le toucher, leurs différences ou leurs proportionnalités.

**L'activité individuelle** : si quelques activités sont présentées en petits groupes, la plupart se font plutôt en individuel, afin que les enfants s'approprient les concepts de façon personnelle.

**L'éducation, une aide à la vie** : selon Maria Montessori, l'enfant est potentiellement bon, et il suffit de le respecter pour qu'il le reste. Le respecter, c'est l'inviter à respecter les autres, et donc le préparer à une vie sociale harmonieuse. Le but de l'éducation montessorienne est d'aider l'enfant à acquérir une discipline intérieure.

### 126. Quelles sont, selon vous, les conditions d'accueil adaptées aux besoins physiologiques et psychologiques des enfants de moins de 3 ans ?

L'enfant de cet âge a ses propres rythmes de vie ; il apparaît autonome, mais il peut arriver que la séparation (souvent nommée « dé-fusion ») avec la mère ne soit pas totalement réalisée. Il a un besoin de relations personnalisées avec un adulte dans un cadre sécurisé. Certains spécialistes émettent des doutes sur la prise en compte de ces besoins dans un cadre scolaire. Selon eux, l'école s'introduit alors en rupture d'un équilibre familial et social.

Les structures d'accueil du jeune enfant doivent permettre une prise en compte des besoins affectifs et physiques ainsi que du rythme individuel de chaque enfant. Il s'agira donc de satisfaire les besoins de l'enfant pour le guider vers la prise de conscience de ses propres besoins : physiologiques, moteurs (maturation neuro-motrice, acquisitions sensorielles), cognitifs (découvertes et connaissances), affectifs (environnement rassurant pour se sentir en confiance), sociaux et langagiers. Ainsi, pour prendre en considération le rythme de vie des tout-petits et respecter leurs besoins, il est incontournable de penser l'aménagement de leurs espaces (locaux adaptés, matériel adéquat) et de renforcer la qualification d'enseignants volontaires et stables pour des groupes restreints d'enfants.

Concernant les besoins importants de mouvement des tout-petits, il convient de leur réserver la salle la plus grande. La proximité de la salle de repos et des toilettes est souhaitable. Il est nécessaire aussi de prévoir, dans la classe, un espace permettant de s'isoler, dans lequel les « objets transitionnels » (peluches, poupées...) seront en bonne place. Le mobilier doit naturellement être adapté et le matériel répondre à des impératifs pédagogiques, mais aussi de sécurité, certains jeux ou jouets ne convenant pas à des enfants de moins de 36 mois. Le jeune enfant a besoin de repères : les différents espaces (coins de jeux, ateliers...) devront pouvoir être clairement identifiés. On multipliera également les possibilités d'expérimenter, essentielles à la construction des apprentissages.

### 127. Quelles différences faites-vous entre méthodes actives et apprenants actifs ? S'agit-il du même processus ?

On a tendance à classer sous l'expression « méthodes actives » toutes les méthodes qui impliquent réellement l'apprenant et qui tentent de lui faire construire son savoir à partir d'études de cas, de jeux de rôles, de situations proposées par les apprenants ou par le formateur, et dans lesquelles l'implication de l'apprenant est particulièrement forte. Or, lorsqu'un formateur propose à un apprenant d'utiliser un livret d'enseignement

programmé, il rend ses apprenants « actifs ». Cependant, si c'est l'enseignant qui a déterminé les objectifs, les étapes du cours et si ses élèves se contentent de suivre le chemin prébalisé que l'enseignant a construit pour eux, ce dernier n'utilise pas une méthode active, mais une méthode traditionnelle. En revanche, si c'est l'apprenant qui a décidé de sa propre volonté que cet apprentissage est essentiel pour lui en fonction de ses objectifs personnels, et s'il choisit pour cela d'utiliser un livret d'enseignement programmé, on pourra dire que son enseignant utilise des méthodes actives.
Les méthodes actives veulent un épanouissement complet de l'apprenant en agissant non pas du « dehors vers le dedans », mais bien du « dedans vers le dehors ». Elles s'efforcent de susciter les progrès de l'apprenant, et de les promouvoir à partir de ses intérêts spécifiques et de ses initiatives personnelles. Elles font confiance aux pouvoirs de l'apprenant, même du plus déshérité. « *Il y a en tout être humain une petite flamme que l'éducateur doit découvrir et aviver* » (Freinet).
Qu'elles s'appellent méthode Montessori, Freinet et/ou de Winnetka, système Dalton ou Decroly, toutes les pédagogies nouvelles ont su répondre à une loi fondamentale : elles satisfont ce besoin d'activité qui permet à l'apprenant de s'affirmer tout au long de son devenir et traduit les marques distinctives de sa personnalité.

### 128. Pourquoi l'apprenant doit-il être actif et acteur ?

Jean Piaget a valorisé le besoin qu'a l'enfant d'agir pour apprendre. Il a décrit le développement cognitif en tant que processus continu à partir de la naissance et pour la vie durant. De sa théorie découle l'importance de la construction des savoirs, des savoir-être, des savoir-faire et des savoir-vivre ensemble, à partir d'expériences authentiques, c'est-à-dire d'expériences qui ont une signification réelle pour l'enfant.
De la théorie constructiviste de Piaget, l'éducateur retiendra que l'apprentissage n'est ni le résultat d'une association entre un *stimulus* et une réponse (théories béhaviorales), ni une transmission de connaissances d'une personne à une autre. Selon cette théorie, les connaissances « *sont construites par l'enfant par l'intermédiaire des actions qu'il accomplit sur les objets* ».

### 129. À quoi l'enseignant doit-il particulièrement veiller dans la perspective piagétienne ?

Trois facteurs influencent le développement de l'enfant :
- sa maturation biologique ;
- son expérience empirique (connaissances qui s'appuient sur son expérience personnelle) ;
- ses interactions avec l'environnement.

Si le premier de ces facteurs (maturation biologique) échappe aux interventions éducatives, il en va tout autrement des deux autres.
L'enseignant peut favoriser le développement intellectuel des enfants en leur faisant vivre des expériences directes avec leur environnement (manipulations, expérimentations, etc.)

et en favorisant les interactions sociales (échanges, discussions, confrontations, etc.). Selon Piaget, l'une des meilleures stratégies pour le développement des enfants est de nourrir leur curiosité en leur proposant des activités et des projets rattachés à leurs champs d'intérêt.

**130. Quelle est la situation pédagogique d'apprentissage prônée par le constructivisme ?**

La situation d'apprentissage de base, constructiviste par excellence, est la situation-problème. Pourquoi ? Parce qu'elle est à même de favoriser le développement d'un conflit cognitif, lequel apparaît dans la théorie constructiviste comme capable de générer des changements conceptuels, de faire progresser les élèves.
On peut dire que la conception constructiviste de l'apprentissage privilégie la confrontation des apprenants à des situations-problèmes, parce que la déstabilisation des savoirs et des savoir-faire que l'apprenant a du mal à mobiliser efficacement pour résoudre le problème peut générer une dynamique de recherche de solution capable :

- d'entraîner la restructuration de ce qu'il sait déjà ;
- de favoriser l'acquisition de savoirs et de savoir-faire nouveaux.

La conception constructiviste de l'apprentissage (dans son aspect central) se base sur la production d'un conflit cognitif par confrontation d'un apprenant à une situation problème, d'où un effet de déstabilisation susceptible de provoquer une réorganisation de connaissances ou l'acquisition de nouveaux savoirs et savoir-faire.

**131. De la théorie de Vygotski ressort l'importance de l'interaction sociale et de la culture pour le développement cognitif, langagier et social de l'enfant. Quelle forme de pédagogie répond à cette théorie ?**

Vygotski voit surtout l'enfant comme un apprenti. L'enfant acquiert connaissances et habiletés par l'entremise de ses interactions avec des mentors plus savants que lui. L'enfant est agent de son propre développement. C'est par interactions qu'il va apprendre. La théorie de Vygotski donne clairement à l'enseignant un rôle fondamental de guide, d'assistant, de modélisateur de l'apprentissage, et pas seulement celui « d'aménageur de situations » où évolueraient les élèves.

**132. Comment le concept de zone proximale de développement peut-il se traduire en classe ?**

La zone de développement proximal d'un enfant, à n'importe quel moment donné, se situe entre les habiletés et les connaissances moins complexes qu'il a complètement maîtrisées, et les limites supérieures des habiletés et des connaissances qu'il peut maîtriser dans les meilleures conditions et avec un maximum d'aide. Autrement dit, c'est la distance entre ce que l'enfant sait déjà et ce qu'il peut accomplir avec de l'aide.

Les connaissances et les habiletés situées entre ces deux niveaux sont dans la zone de développement proximal et l'enfant peut les acquérir moyennant certaines conditions. La réussite peut dépendre de facteurs tels que :

- la clarté d'une question ou d'un problème ;
- la complexité d'une tâche ;
- l'aide reçue sous forme de soutien, d'indices ou de stratégies, etc.

C'est ici que les interventions de l'enseignant prennent toute leur importance, car un enfant peut se situer dans une certaine zone pour une habileté et dans une autre pour une habileté différente. Par exemple, un enfant peut avoir maîtrisé l'art de faire du tricycle, mais être débutant en techniques de dessin. Il faut donc appliquer le concept de zone de développement proximal séparément à chaque savoir, savoir-faire, savoir-être ou savoir-vivre ensemble. L'enfant peut réussir des tâches plus complexes avec :

- les indices ;
- les instructions ;
- l'aide ;
- les stratégies ;
- le soutien de l'enseignant ou d'autres personnes plus savantes que lui.

Graduellement, il intériorise les stratégies reçues, et se donne lui-même les instructions et le soutien dont il a besoin pour résoudre de nouveaux problèmes.

### 133. Qu'est-ce que la métacognition et pourquoi favoriser les pratiques de métacognition ?

Ce terme, élaboré dans les années 1970 par John H. Flavell, désigne la capacité qu'a un individu à réfléchir sur sa propre activité, afin d'en prendre conscience. Le but d'une activité cognitive, d'une manière générale, est de résoudre un problème, d'effectuer une tâche, alors que le but d'une activité métacognitive est de fournir des informations sur l'activité dans laquelle on est engagé. On cherche alors des informations pour réguler la résolution (par exemple : voir si on n'a rien oublié de l'énoncé et de la manière dont on l'a résolu, etc.).

On peut parler de connaissances métacognitives à propos du fait d'apprendre à apprendre. Ces connaissances permettent aux apprenants de porter des regards rétrospectif et prospectif sur leur propre fonctionnement :

- **regard rétrospectif :** meilleure connaissance de la manière dont l'individu s'y prend pour apprendre ; élaborer des connaissances sur la manière dont il peut s'y prendre pour utiliser ce qu'il sait déjà ;
- **regard prospectif :** élaborer des connaissances sur la manière d'acquérir de nouvelles connaissances.

La métacognition suppose un travail interactif, en particulier entre l'enseignant et les élèves (par exemple : dialogue didactique en classe, au cours des études en collège, pendant les modules en seconde, etc.). Ce travail peut aussi se faire dans les différents lieux de vie de l'enfant (par exemple : en famille, un adulte qui demande à un enfant ce qu'il fait et pourquoi il le fait peut conduire l'enfant à justifier son activité). L'activité métacognitive permet d'élaborer des outils pour apprendre en mettant en jeu deux formes de médiations complémentaires :

- **la médiation de l'autre**, avec questionnement sur l'activité et la mise en œuvre d'une démarche ;
- **la médiation langagière**. Cette médiation suppose un travail particulier : celui qui est interrogé doit, pour répondre, faire un travail important de reconstruction sur le plan du langage : savoir dire ce qu'on fait, pourquoi on le fait ainsi et pas autrement.

### 134. Comment pourrait-on appliquer la théorie des intelligences multiples à une séance pédagogique ?

Pour être plus concret, prenons un exemple précis en histoire : la période 1799-1804, celle allant du Consulat à l'Empire. Comment traiter cette période en faisant appel à chacune des intelligences ? L'objectif serait de faire comprendre que, durant cette période, Napoléon Bonaparte instaure une république autoritaire en écartant toute opposition. Devenu Premier consul, il construit son image sur le retour de la paix extérieure et intérieure ainsi que sur la stabilisation de l'État et de la société. Lorsqu'il proclame l'Empire, il ne fait que renforcer le caractère militaire et personnel du pouvoir.

Voilà comment nous pourrions nous y prendre :

**L'intelligence corporelle/kinesthésique** : partant d'une étude de la cérémonie du sacre (et du tableau que David en a fait), un groupe d'élèves peut travailler une reconstitution en prenant soin de rejouer les déplacements et les gestes de quelques grands personnages.

**L'intelligence interpersonnelle** : une fois cette reconstitution terminée et l'étude du tableau complétée par binôme, chacun peut expliquer ce qu'il a compris et retenu de la cérémonie à son voisin. Une fois la discussion achevée, on peut passer à une petite synthèse écrite en collaboration.

**L'intelligence intrapersonnelle** : on propose à l'élève une évaluation originale : il peut choisir 10 questions parmi les 15 qui lui sont proposées. À lui de prendre conscience de ce qu'il maîtrise le mieux.

**L'intelligence logique-mathématique** : on va ici chercher à faire travailler le raisonnement logique. À l'aide d'une carte heuristique (qui peut être réalisée à la main ou bien grâce au logiciel gratuit *Freemind* et un tutoriel), on demandera à l'élève, avec l'aide du cours et du livre, d'expliquer ce qui amène Napoléon à renforcer le caractère militaire et personnel du pouvoir. Un tel travail peut être une évaluation finale.

**L'intelligence musicale/rythmique** : en reprenant l'idée de la reconstitution de la cérémonie du sacre, ou bien d'une bataille de l'Empire, on peut faire travailler un groupe sur un montage vidéo ou un diaporama pour lequel il aura à présenter une bande musicale composée d'extraits d'œuvres préalablement choisies et mises à disposition. Ce travail, essentiellement musical, ne peut se faire sans compréhension complète de l'événement à illustrer...

**L'intelligence naturaliste** : avouons-le, pour la thématique qui nous intéresse, il est difficile de mettre en œuvre la capacité à « *observer la nature sous toutes ses formes* » (entretien donné en 2005 aux *Cahiers pédagogiques*), à moins d'être à Ajaccio ou bien à Austerlitz et d'en profiter pour découvrir la faune et la flore locales...

**L'intelligence verbale-linguistique** : la capacité à « *percevoir les structures linguistiques sous toutes leurs formes* » (*id.*) est certainement celle que nous mettons le plus souvent en œuvre dans nos cours et nos activités. Lire un texte, confronter un tableau et un graphique, rédiger un petit résumé : tout participe à ce type d'intelligence. À nous d'agir pour qu'elle ne soit plus la seule à être mise en jeu...

**L'intelligence visuelle/spatiale** : une nouvelle fois, l'usage d'une carte heuristique est ici recommandé pour amener l'élève à mieux structurer ses idées en les représentant avec des liens logiques. Certains pourraient même être amenés à faire « le dessin du cours », sans se soucier des règles (pourtant peu contraignantes) de la carte heuristique.

Que ces quelques exemples ne vous donnent pas une fausse idée de ce qu'Howard Gardner a voulu nous faire comprendre. Dans le même entretien donné en 2005 aux *Cahiers pédagogiques*, il insiste lui-même sur le fait que cette théorie des intelligences multiples « *n'est pas une méthode éducative, mais elle intéresse les éducateurs, car quiconque a travaillé avec des enfants sait qu'ils ne sont pas tous faits sur le même modèle. Si on observe les enfants avec attention [...], on voit toutes sortes de différences. Je propose un système de lecture de ces différences cognitives. Je ne parle pas des différences de personnalité ou de tempérament* ».

### 135. Comment pouvons-nous favoriser le développement optimal du cerveau ?

C'est au cours des premières années du développement humain que l'architecture et les fonctions de base du cerveau prennent forme. La période de développement au début de l'enfance (de la conception à l'âge de 6 à 8 ans) a une incidence sur le stade suivant du développement humain ainsi que sur les étapes ultérieures.

Grâce à la neurobiologie du développement, nous comprenons maintenant mieux la façon dont l'expérience des premières années de vie influe sur les différents stades du développement. Les retards développementaux au cours des premières années ont des conséquences sur la santé (physique et mentale), le comportement et l'apprentissage à long terme.

L'architecture et les fonctions du cerveau sont façonnées par les expériences vécues tout au long de la vie, celles-ci ayant une incidence sur la structure et le rôle des voies neurobiologiques. Les *stimuli* transmis au cerveau par les voies sensorielles avant et après la naissance de même que pendant les étapes ultérieures de la vie permettent de différencier les fonctions des neurones et des voies nerveuses. Les expériences qui agissent sur le développement du cerveau par l'intermédiaire des voies sensorielles comprennent les perceptions auditives, tactiles, visuelles et olfactives, la nourriture, les pensées, les drogues, les blessures, les maladies et d'autres facteurs.

### 136. Comment la capacité à faire plaisir influe-t-elle l'apprentissage ?

La capacité à ressentir du plaisir, est une « fonction » relativement complexe, loin de se limiter à une seule facette. Les psychiatres font notamment la différence entre la capacité à ressentir du plaisir sur l'instant, suite à un évènement plaisant ou amusant, et la capacité à anticiper une récompense future. La première, le fait de ressentir du plaisir, sera appelée « hédonie » dans ce qui suit. Elle est à contraster avec la seconde possibilité : celle d'anticiper une récompense future et d'agir pour la trouver. C'est cette possibilité qui nous permet de faire des efforts dans l'espoir de recevoir une récompense future. Elle sera donc appelée la motivation, bien que les termes du désir puissent aussi être utilisés (avec cependant une connotation quelque peu différente, moins large). Enfin, il faut aussi ajouter une troisième composante : les mécanismes d'apprentissage. Ceux-ci permettent d'associer un comportement avec une récompense possible : ils permettent d'apprendre quels sont les stimulus ou les comportements qui peuvent mener à une récompense. Ces mécanismes font intervenir des processus de conditionnement, qu'il s'agisse de conditionnement classique (Pavloviens) ou opérants (Skinerriens). Pour résumer, on distingue trois facettes pour la gestion des récompenses :

- une facette volitionnelle, correspondant à la motivation ;
- une facette affective, liée à la sensation de plaisir ressentie, l'hédonie ;
- et une facette cognitive, liée à l'apprentissage opérant/classique, à la capacité à anticiper et mémoriser les relations entre stimulus/comportements et récompense.

### 137. Qu'est-ce que l'empathie ? Développez.

**L'empathie désigne la capacité de se mettre à la place d'autrui, de se représenter ce qu'il ressent et/ou pense.** Ressentir et penser : ce sont là les deux facettes essentielles de l'empathie, l'une émotionnelle, l'autre cognitive. Certains auteurs en rajoutent une autre, la dimension comportementale.

**L'empathie émotionnelle**

C'est une réaction généralement automatique et non intentionnelle. Lorsque nous voyons quelqu'un souffrir, nous sommes nous-mêmes affectés, nous éprouvons généralement un ressenti désagréable. L'empathie émotionnelle se manifeste très précocement puisque, dès les premières heures suivant leur naissance, les bébés réagissent à la détresse de congénères, en pleurant.

**L'empathie cognitive**

Il s'agit de la capacité de se représenter les états mentaux d'autrui. Les psychanalystes parlent de « mentalisation » et les cognitivistes de « théorie de l'esprit ». Cette aptitude se révèle très tôt chez les enfants. Les bébés parviennent rapidement non seulement à imiter, mais aussi à percevoir les intentions d'autrui.

**L'empathie comportementale (« effet caméléon »)**

Le terme renvoie à un processus de « mimétisme comportemental ». Il arrive fréquemment qu'au cours d'une conversation entre deux personnes, l'une d'elles imite les gestes et postures de l'autre, sans s'en rendre compte.

Enfin, l'intérêt d'instaurer une éducation à l'empathie, émotionnelle notamment, dès l'école primaire, constitue un « socle moral » sur lequel d'autres compétences sociales viendront se nourrir.
C'est l'occasion de proposer aux élèves de vivre des situations permettant d'accéder à la reconnaissance de l'autre, de s'ouvrir à l'autre. Il est question de créer les conditions du développement de la disposition à l'empathie pour favoriser le « bien-vivre ensemble ». L'empathie serait alors un levier pour améliorer le climat scolaire.

## POUR ALLER PLUS LOIN

**L'empathie dans la vie quotidienne**
L'empathie constitue un socle essentiel sur lequel reposent nos relations sociales quotidiennes. Dans une série d'études menées auprès d'adolescent(e)s, Daniel Favre, professeur de sciences de l'éducation à l'IUFM de Montpellier, a constaté que l'empathie était corrélée très significativement avec la coopération et les compétences sociales, et inversement corrélée avec la dépression, les troubles de l'attention et la délinquance[1]. Selon cet auteur, l'empathie « *implique de "s'ouvrir" à l'autre, de lui permettre d'exister dans notre espace de représentation privé comme un vrai Autre. Le lien empathique produit une confirmation de l'existence de l'autre* ».

**L'empathie en psychothérapie**
Parmi les divers courants psychologiques, c'est la psychologie humaniste qui a été la plus attentive au concept d'empathie. Selon Carl Rogers, l'empathie constitue l'une des trois attitudes fondamentales que doit adopter le thérapeute – à côté de la considération inconditionnelle et de l'authenticité – pour faciliter le développement des patients[2].

**L'empathie éclairée par la neurophysiologie**
Les recherches sur l'empathie ont connu un regain d'intérêt inattendu depuis une dizaine d'années, à la suite de la découverte des neurones miroirs, par une équipe italienne[3]. Lorsqu'une personne observe l'état émotionnel d'une autre (qu'il s'agisse de dégoût, de toucher, de douleur, etc.), cela active des parties du réseau neuronal qui traitent ce même état en elle-même. En d'autres termes, nous éprouvons peu ou prou des émotions en miroir de celles ressenties par autrui. L'une des fonctions majeures des neurones miroirs est précisément de faciliter l'empathie, comme l'a souligné Vittorio Gallese, l'un des découvreurs de ces cellules. Dans un article intitulé

1. Favre D. (2007), *Transformer la violence des élèves*, Paris, Dunod.
2. Rogers C. (1968), *Le Développement de la personne*, Paris, Dunod, p. 48-49, 204-205.
3. Rizzolatti G. et Sinigaglia C. (2008), *Les Neurones miroirs*, Paris, Odile Jacob.

> « L'hypothèse de la "diversité partagée" : des neurones miroirs à l'empathie », il affirme que le mécanisme neuronal d'appariement constitué par les neurones miroirs est essentiel pour établir un lien empathique entre individus.
>
> D'après Jacques Lecomte (2012),
> *La Bonté humaine. Altruisme, empathie, générosité*, Odile Jacob.

# 2 Le nombre

## 1. Questions 138 à 141

138. Comment l'enfant apprend-il à compter ?

139. Qu'est-ce que compter ?

140. Quelles activités pourriez-vous mettre en place pour l'apprentissage du nombre en école maternelle ?

141. Les enfants apprennent-ils à compter ou est-ce une compétence innée ?

# 2. Réponses 138 à 141

### 138. Comment l'enfant apprend-il à compter ?

Dès 1941, dans *La Genèse du nombre chez l'enfant*, en faisant de la construction du nombre un corrélat du développement de la logique, Piaget propose un cadre théorique qui, sous quelques réserves et à quelques ajustements près, reste d'actualité aujourd'hui. Pour l'épistémologue, la genèse du nombre n'est pas d'abord numérique, elle est pratique et de l'ordre de la logique : le nombre ne devient opératoire pour l'enfant qu'à la fin d'un parcours dont il sera comme la synthèse. Pour cela, il doit d'abord percevoir que :

- la quantité (c'est-à-dire l'extension, le cardinal d'une collection) se conserve (5 jetons restent, quelle que soit leur disposition sur une table) ;
- les longueurs peuvent s'ordonner (des séries croissantes ou décroissantes peuvent être réalisées) ;
- une surcatégorie peut inclure plusieurs classes (« Y a-t-il plus de marguerites ou plus de fleurs ? »).

Lorsque les enfants commencent à compter, ils apprennent des idées mathématiques importantes :

- la correspondance de un à un (un nombre pour un objet) ;
- l'ordre stable (1, 2, 3, 4...) et non (1, 2, 7, 5...) ;
- le cardinal d'un ensemble (le dernier nombre compté indique combien il y a d'objets).

Piaget rejette une pratique courante, tant dans les familles que dans les classes : le comptage. Sauf que :

- cette pratique existe, les enfants arrivent à l'école en l'utilisant ;
- l'observation d'enfants réputés en être avant le stade des opérations logico-mathématiques (soit +/- 8 ans selon Piaget) montre qu'ils « *font des choses avec des nombres* » ;
- la pédagogie a peut-être pour vocation de mettre en place les cadres qui permettent aux notions de se construire.

### 139. Qu'est-ce que compter ?

**C'est dénombrer** (les principes de Gelman et Gallistel). Pour ces deux chercheuses américaines, tenantes du point de vue « les principes-en-premier », le fonctionnement opératoire du dénombrement par l'enfant repose sur cinq principes :

- le principe d'adéquation unique : « *Chaque mot énoncé doit être mis en correspondance unique avec un objet de la collection à dénombrer* » ;
- le principe d'ordre stable : « *Les mots-nombres doivent être énoncés dans un ordre strict, c'est-à-dire que la comptine numérique orale doit être maîtrisée* » ;
- le principe cardinal : « *Le dernier mot de la suite représente le cardinal de la collection* » ;
- le principe d'abstraction : « *On peut compter des objets qui n'ont pas de liens particuliers entre eux* » ;

- le principe de non-pertinence de l'ordre : « *L'ordre dans lequel sont pris les différents objets n'a pas d'importance* » (Gelman R. et Gallistel C., *The Child's Understanding of Numbers*, Harvard University Press, Cambridge, MA, 1978).

Si ces principes ne soulèvent pas d'opposition de la majorité des chercheurs, c'est leur acquisition qui pose problème : quand, et surtout comment, l'enfant acquiert-il le comptage dont la mise en œuvre « *nécessite le recours à une énumération verbale* » ?

**C'est compter :** l'enfant qui, très jeune (dès 2 ans), est fier de montrer qu'il sait compter, passe par trois étapes :

- il augmente progressivement et de manière spectaculaire une portion stable de la comptine numérique : de 1 à *n*, l'ordre des mots-nombres est l'ordre conventionnel, valorisé tel par l'adulte ;
- à partir de *n*, l'ordre reste stable, mais devient non conventionnel, en ce que l'enfant omet des mots-nombres (toujours les mêmes) ou ne « respecte » pas l'ordre admis par le groupe social de référence ;
- au-delà d'un certain seuil, l'ordre n'est ni stable ni conventionnel, l'enfant ne s'arrêtant pas de compter, mais produisant des non-mots-nombres pertinents (dix-dix pour vingt), réinitialisant la comptine à un point donné ou inventant des mots-nombres non pertinents.

### 140. Quelles activités pourriez-vous mettre en place pour l'apprentissage du nombre en école maternelle ?

**Repérer globalement une quantité** (principe d'équivalence) :

- aller chercher en une seule fois autant de pinceaux que de pots de peinture installés : l'enfant, après avoir visualisé la quantité de pots de peinture, doit aller chercher dans un autre espace (d'où il ne voit pas les pots de peinture) autant de pinceaux et expliquer sa démarche ;
- en un seul déplacement, rapporter la même quantité de verres que d'assiettes posées sur la table : les verres se situent volontairement dans un autre espace et l'élève ne peut alors plus visualiser les assiettes ;
- en un seul déplacement, aller chercher autant de petites voitures que de places sur le parking.

**Dénombrer une quantité :**

- placer une quantité d'objets sur un support ;
- compter les objets ;
- repérer la quantité de façon globale, sans la compter 1 à 1 (c'est le *subitizing*) ;
- en ajouter puis compter ;
- en retirer puis compter ;
- dire la quantité, écrire la quantité, la montrer avec ses doigts (de façons différentes) ;
- repérer la quantité sur la frise numérique affichée ;
- repérer la quantité sur le panneau des représentations numériques affichées dans la classe.

**Dénombrer une quantité à l'écoute** : frapper une quantité avec les claves : les enfants disent la quantité oralement, la montrent avec les doigts, la frappent dans les mains...

**Lire les représentations numériques** (doigts, constellations, écritures chiffrées) de 1 à 10 :

- présenter une quantité avec les doigts (de façons différentes) : combien ? (ne pas enfermer l'élève sur une représentation figée des quantités avec les doigts) ;
- présenter une constellation : combien ?
- écrire sur une ardoise un nombre de 1 à 10 : savoir le lire, le relier à la quantité et ses autres représentations.

**Repérer une quantité au toucher, sans la voir** (dans une pioche, une boîte à toucher ou les yeux bandés) :

- Combien d'objets dans la pioche ?
- Sortir de la pioche, en une seule fois, deux objets, trois objets, etc.

**Ajouter une quantité à une autre** : exemple : J'ai placé $x$ objets dans la « maison rouge » puis $x$ objets dans la « maison bleue », combien y a-t-il d'objets en tout dans les deux maisons ? L'enseignant met en place la situation devant les élèves. Garder la même quantité totale d'objets, mais modifier les quantités dans chacune des deux maisons.

**Enlever une quantité à une collection** :

- placer une quantité d'objets sur un support ;
- observer, compter avec les élèves ;
- « Fermez les yeux » ;
- pendant ce temps je cache $x$ objets sous un gobelet juste à côté ;
- « Ouvrez les yeux » ;
- « Il en reste combien ? Combien en ai-je caché sous le gobelet ? ».

**Repérer la position des nombres sur la chaîne numérique** (il est important d'afficher en classe la frise numérique de 1 à 30 puis plus loin pour que l'enfant puisse s'habituer à repérer la position des nombres sur celle-ci) :

- connaître le nombre après celui nommé par l'enseignant ;
- continuer de compter à partir du nombre indiqué (surcompter) ;
- connaître le nombre avant celui nommé ou écrit ;
- lire les nombres sur la frise numérique à partir d'un nombre proposé : lire « en avant » (compter) puis en arrière (décompter) ; frise sous les yeux des enfants puis cachée.

Cette compétence requiert que l'élève ait déjà une représentation mentale de la chaîne numérique et des positions des nombres sur celle-ci.

### 141. Les enfants apprennent-ils à compter ou est-ce une compétence innée ?

Depuis les travaux d'Elizabeth Spelke, on sait que le bébé humain, à partir de 5 mois, réussit des épreuves numériques simples. Son cerveau est « façonné » par l'évolution pour appréhender spontanément des quantités numériques élémentaires. Mais ces aptitudes ne le préparent pas à résoudre des problèmes de calcul plus complexes. Le passage du calcul élémentaire au véritable calcul mental (par exemple effectuer des calculs du genre 13 + 8 ou 12 - 3) suppose deux autres conditions. Tout d'abord la possibilité de manipuler mentalement des nombres, sous forme d'images mentales intériorisées. Seuls les enfants qui ont acquis la capacité symbolique apparaissant vers 2 ans peuvent réussir. Et c'est même seulement vers 6-7 ans que les enfants peuvent acquérir vraiment l'addition et la soustraction. La maîtrise du calcul suppose la combinaison de deux évolutions :

- une évolution psychologique individuelle qui fait passer des perceptions numériques élémentaires à la capacité de se représenter les nombres sous forme consciente et réflexive ;
- une évolution culturelle propre à chaque société, qui doit transmettre par apprentissage les méthodes de calcul qu'elle a inventées.

C'est le mariage de ces deux évolutions qui rend le calcul possible.

# 3 Le langage oral et écrit

## 1. Questions 142 à 149

142. D'après les études sur le développement du langage enfantin, vers quelle période les « petits mots » du lexique entrent-ils dans le langage de l'enfant ?
143. Quand l'enfant commence-t-il à intégrer la conjugaison ?
144. Comment se construisent les compétences langagières ?
145. L'ordre des mots dans la phrase a-t-il la même importance pour l'adulte que pour l'enfant ?
146. Comment l'enfant construit-il ses phrases ?
147. Comment l'élève acquiert-il le principe alphabétique ?
148. Quand l'enfant assimile-t-il les régularités de la syntaxe ?
149. Quelle différence faites-vous entre compétences langagières et compétences linguistiques ?

# 2. Réponses 142 à 149

### 142. D'après les études sur le développement du langage enfantin, vers quelle période les « petits mots » du lexique entrent-ils dans le langage de l'enfant ?

L'usage des petits mots autour du groupe nominal se développe en premier. Les articles, pronoms, prépositions, adverbes apparaissent progressivement et parallèlement, mais selon un même ordre chronologique. Les âges sont très approximatifs.

- Les articles indéfinis précèdent les articles définis.
- L'accord en genre des articles précède l'accord en nombre.
- L'usage des articles définis et indéfinis est souvent inversé jusqu'à 6 ans. Puisque ces formes linguistiques sont employées, c'est qu'elles sont acquises, mais c'est l'acquisition correcte de leur fonctionnement qui est plus tardive.
- Les pronoms personnels de la 1$^{re}$ et de la 2$^{e}$ personne précédent ceux de la 3$^{e}$, sauf si l'enfant commence à dire « il » en parlant de lui-même.
- Les pronoms possessifs sont accolés à l'adjectif correspondant jusqu'à 5 ans (« mon mien »).

En ce qui concerne les adjectifs possessifs, un phénomène est fréquemment constaté. L'enfant accorde l'adjectif possessif avec sa personne et non avec le substantif : par exemple, un garçon dit « mon chambre » et une fille dit « ma chien ». Il existe une sorte de conflit entre le sexe de l'enfant et l'accord avec le nom.

Les prépositions et adverbes apparaissent tôt dans le langage, dans des expressions toutes faites comme « dans l'eau », « par terre », sans qu'ils ne soient acquis isolément. Ils ne peuvent pas être employés dans une autre expression propre à l'enfant. L'enfant ne dira pas : « Le sucre est dans le bol. »

### 143. Quand l'enfant commence-t-il à intégrer la conjugaison ?

Dès 3 ans et demi, l'enfant commence à conjuguer, la première forme verbale est l'impératif (« Donne ! »), l'infinitif arrive rapidement (« Moi, pas dormir ! »).

Vers 4 ans apparaît l'indicatif présent. Le futur apparaît d'abord dans une forme particulière construite avec les verbes *aller* et *venir* : « Je va manger » ; vers 5 ans apparaît le véritable futur simple : « Je mangerai. »

L'imparfait et le conditionnel viennent à partir de 5 ans-5 ans et demi. Au cours de cette période (fin de moyenne section et début de grande section), on remarque des généralisations incorrectes : *buver* pour *boire*, *ouvri* pour *ouvert*, *voulerais* pour *voudrais*... L'enfant a intégré les caractéristiques des verbes les plus courants et il les applique à des verbes nouveaux qu'il ne connaît pas encore, car ils sont irréguliers. Encore une fois, ses erreurs montrent qu'il a compris comment fonctionne la langue, mais qu'il lui manque des connaissances.

Après 6 ans, on trouve une utilisation adéquate des temps des verbes : le présent est employé pour une action actuelle, le passé composé et l'imparfait pour une action ancienne.

### 144. Comment se construisent les compétences langagières ?

Pour **maîtriser le langage**, il ne suffit pas de connaître des mots et de savoir les organiser en phrases, il faut aussi adopter des conduites langagières : raconter une histoire n'est pas la même chose que défendre un point de vue. En ce qui concerne la construction du récit, on observe entre 4 et 9 ans un passage par différentes stratégies. On demande à des enfants de produire un discours à partir d'une série d'images sans texte qui raconte une histoire. On observe que les enfants passent successivement par 3 stratégies :

- 4-5 ans : **phase procédurale**. Le discours est géré directement à partir de ce que les images montrent, rien n'est planifié : il y a une énumération, mais pas d'organisation globale du discours ;
- 6-7 ans : **phase méta-procédurale**. L'organisation prend le dessus au détriment de l'image. L'enfant a intégré la structure canonique des récits :
  - exposition (situation initiale stable : il était une fois une petite fille...),
  - complication (élément déclencheur : mais le loup...),
  - résolution (retour à une situation finale stable : le chasseur tue le loup),
  - évaluation (moralité : les petites filles doivent se méfier des inconnus).

  L'enfant se construit un scénario à partir du héros. Il y a une unité narrative, mais l'histoire est pauvre, car il ne fait pas référence aux images. L'enfant ne peut pas encore prendre en compte deux choses à la fois : une organisation d'ensemble et des détails ;
- 8-9 ans : **phase interactive**. Il existe maintenant un va-et-vient entre l'image et l'interprétation générale. Les connaissances sont utilisées pour l'interprétation de ce qu'il voit : s'il fait référence à des faits qui ne sont pas sur les images, il prendra soin de relier ce qu'il dit à des détails de l'image. Le discours est donc à la fois bien construit et enrichi de détails.

Quant à **l'argumentation**, il faut être capable, pour argumenter, de prendre en compte l'autre et son point de vue, différent du sien. Il est difficile pour l'enfant d'imaginer que quelqu'un peut penser différemment (égocentrisme et décentration, comme l'indique Piaget). Vers 3-4 ans : l'enfant essaie d'expliquer les choses. Mais l'argumentation se mettra en place vers 13 ans, et le texte argumentatif atteindra un niveau élaboré vers l'âge de 17 ans.

### 145. L'ordre des mots dans la phrase a-t-il la même importance pour l'adulte que pour l'enfant ?

Chez l'enfant, la construction des phrases est créative, mais porteuse de sens. Pour l'adulte, la manière de structurer les phrases a un caractère canonique, l'ordre des groupes est régulier : dans une phrase simple en français, on a en général : groupe nominal, groupe verbal.

### 146. Comment l'enfant construit-il ses phrases ?

Les premiers énoncés verbaux que l'enfant produit ne reflètent pas la construction canonique, car l'enfant cherche toujours du sens dans ses constructions, comme dans tout ce qu'il fait. Une construction fréquente chez l'enfant est la suivante : « Le p'tit garçon ballon rouge pousse ».
D'après Oléron (1949), les phrases de l'enfant portent au départ sur des personnes et des actions concrètes. Il s'intéresse à des choses qu'il observe. Il est logique qu'il décrive en premier l'agent, c'est-à-dire celui qui agit, qui se déplace...

### 147. Comment l'élève acquiert-il le principe alphabétique ?

Emilia Ferreiro, précurseure des recherches dans le champ de la psycholinguistique génétique sur l'écrit, décrit l'évolution conceptuelle de l'écrit chez l'enfant selon le « modèle » suivant en quatre étapes successives et ordonnées :
**1. Le niveau pré-syllabique :** L'enfant fait la différence entre le dessin et l'écriture. Le trait dominant de ce niveau se manifeste par l'intention de signifier : il n'y a aucun lien entre ce qu'il trace et les aspects sonores de la langue, c'est-à-dire que l'enfant s'attache avant tout aux propriétés physiques des objets dont il écrit le nom (en général, il n'écrit que des noms) ; il va donc écrire le mot « ours » en utilisant plus de lettres que pour le mot « papillon ». Le matériau que l'enfant va utiliser au début importe peu : gribouillages, graphismes inventés, pseudo-lettres, lettres. Au sein de cette étape, l'enfant va dépasser la seule intention de signifier. Il va chercher des solutions pour différencier les mots qu'il veut écrire. Pour ce faire, il va par exemple modifier l'ordre ou le nombre de signes qu'il utilise.
**2. Le niveau syllabique :** Cette étape est essentielle car elle montre un début de mise en correspondance entre les aspects sonores du langage oral et l'écrit. La première valeur sonore des lettres est syllabique. L'hypothèse que tout élément graphique encode une syllabe orale va entrer en conflit cognitif avec une autre hypothèse de l'enfant : celle de la quantité minimale de graphies. L'enfant pense que pour constituer un mot, il faut au moins trois éléments. Dès lors, les mots monosyllabiques ou bi-syllabiques ne peuvent être encodés. Ces deux hypothèses étant inconciliables, l'enfant élabore un nouveau système explicatif, d'où l'entrée dans un troisième niveau.

3. **Le niveau syllabico-alphabétique** : L'enfant résout momentanément ce conflit en pensant que certains éléments graphiques correspondent à des syllabes, et d'autres à des phonèmes.
4. **Le niveau alphabétique :** Une observation répétée d'écrit oblige l'enfant à abandonner ce système complexe pour entrer dans le principe alphabétique : l'écrit encode l'oral, à tous les phonèmes, correspondent des graphèmes.

### 148. Quand l'enfant assimile-t-il les régularités de la syntaxe ?

Une expérience tend à montrer que la structure canonique de la phrase simple serait intégrée vers 6 ans (Sinclair et Bronckart, 1972). Le protocole utilisé a été le suivant : les enfants doivent construire avec des poupées le mime d'une action à partir de trois mots. Les triplets sont constitués de deux noms et d'un verbe avec les six combinaisons possibles : « La fille, le garçon, pousse » ; « La fille, pousse, le garçon » ; « Pousse, la fille, le garçon », « Pousse, le garçon, la fille », « Le garçon, la fille, pousse », « Le garçon, pousse, la fille ». L'expérience montre :

- avant 3 ans et demi : les enfants sont indifférents à l'ordre des mots, ils répondent toujours de la même manière ;
- à partir de 3 ans et demi : ils respectent l'ordre nom > verbe > nom seulement s'il est canonique : s'ils ont « la fille, pousse, le garçon », ils montrent que la fille pousse le garçon, s'ils ont « le garçon, pousse, la fille », ils montrent que le garçon pousse la fille. En revanche, s'ils ont une phrase comme « pousse, la fille, le garçon »… ils répondent au hasard, ils n'arrivent pas à trouver un sens ;
- à 6 ans, ils considèrent que le premier nom donné est toujours l'agent de l'action et le second celui qui la subit, quelle que soit la phrase. À 6 ans, l'enfant a donc intégré la structure canonique de la phrase simple : dans une phrase, le premier nom entendu est celui qui fait l'action, le deuxième nom est celui qui la subit.

À force de manipuler la langue, l'enfant accroît sa connaissance des règles qui régissent la structure de la phrase, et il apprend l'ordre canonique des mots.

### 149. Quelle différence faites-vous entre compétences langagières et compétences linguistiques ?

**Les compétences langagières** englobent le langage, le langage non verbal et les compétences linguistiques. Sans langage, pas de linguistique.
**Les compétences linguistiques** désignent l'ensemble des savoirs linguistiques d'un locuteur (vocabulaire, grammaire, fonctionnement de la langue) qui lui permettent de comprendre et de produire un nombre infini de phrases.

# 4 Comportements et émotions

## 1. Questions 150 à 163

150. Comment le développement des compétences sociales peut-il influencer les apprentissages et quelles sont les modalités d'enseignement à mettre en place pour favoriser des émotions propices aux apprentissages ?
151. Qu'est-ce que le comportement prosocial et vers quel âge est-il acquis ?
152. Qu'est-ce qu'un enfant intellectuellement précoce (EIP) ou à haut potentiel (HP) ?
153. Qu'est-ce que l'agressivité ?
154. L'agressivité fait-elle partie du développement de l'enfant ?
155. Peut-on définir des profils de comportement caractéristiques des enfants ?
156. En quoi l'objet transitionnel est-il important pour l'enfant ?
157. Qu'est-ce que l'attention ?
158. Quel est le rôle de l'attention ?
159. Quelle est l'importance de l'attention sur le développement de l'enfant ?
160. Les termes « attention » et « concentration » sont souvent utilisés de manière interchangeable, mais font-ils référence à la même chose ?
161. On parle d'enfants hyperactifs, de troubles de l'attention, que pouvez-vous en dire ?
162. L'attention est-elle un processus automatique ?
163. Comment peut-on travailler l'attention en classe ?

# 2. Réponses 150 à 163

**150. Comment le développement des compétences sociales peut-il influencer les apprentissages et quelles sont les modalités d'enseignement à mettre en place pour favoriser des émotions propices aux apprentissages ?**

Les émotions jouent un rôle fondamental au sein des relations intergroupes, et particulièrement en éducation physique et sportive (EPS). En tant que discipline d'enseignement et de par ses spécificités, l'EPS est un lieu privilégié d'émergence de situations intergroupes faisant naître des émotions et des comportements qui influencent l'apprentissage chez l'élève.

Les émotions propices aux apprentissages seraient les émotions positives qui provoquent du plaisir comme la joie, la curiosité, l'intérêt…

En EPS, il est certain que lorsque l'enseignant propose un cycle de course de longue durée qui se déroule sur un stade, cette proposition n'entraîne pas un mouvement de joie et de plaisir, ni même de satisfaction ressentie par les élèves. Toujours en EPS, il est fort probable que les élèves ressentent plus de plaisir à s'engager dans un cycle visant l'acquisition de connaissances et de capacités leur permettant d'améliorer leurs compétences en matière de maîtrise de l'affrontement collectif, par exemple lorsque l'activité physique, sportive et artistique (APSA) est le football.

Il est donc important de s'interroger sur le rôle de l'objectif et de sa mise en œuvre afin de le rendre attrayant à l'élève.

**151. Qu'est-ce que le comportement prosocial et vers quel âge est-il acquis ?**

Il existe un large éventail de comportements (la coopération, l'altruisme, la confiance et la réciprocité) destinés à apporter de l'aide, à partager, à réconforter, à informer et à coopérer avec les autres : ce sont ceux que l'on peut retrouver dans le « vivre ensemble » ou dans « devenir élève ». Ces comportements sont dits « prosociaux ».

Les comportements prosociaux apparaissent entre 12 mois et 2 ans. Chez le jeune enfant, cette période coïncide avec l'émergence de la connaissance de soi, des premiers jugements qui s'accompagnent des sentiments de culpabilité ou de honte. C'est au cours de cette phase de développement que l'enfant devient capable de différencier et d'anticiper les émotions des autres. Il est aidé par le développement du langage. C'est à cette période que les premières manifestations d'actions prosociales et d'empathie peuvent être observées.

L'enfant va avoir un comportement d'aide envers l'autre en dehors de toute forme d'encouragement ou de récompense (celle-ci serait même un frein à la motivation spontanée de l'enfant). Il convient de souligner le rôle de l'environnement sur l'acquisition des conduites prosociales. Là encore, le langage et les explications sont d'une importance primordiale.

### 152. Qu'est-ce qu'un enfant intellectuellement précoce (EIP) ou à haut potentiel (HP) ?

C'est un enfant qui a un rythme de développement intellectuel très en avance par rapport aux autres enfants de son âge, alors que son développement affectif, moteur et relationnel se trouve dans la norme de son âge. L'enfant « surdoué » n'est pas seulement un enfant quantitativement plus intelligent mais un enfant qui dispose d'une forme d'intelligence qualitativement différente. Selon Jeanne Siaud-Facchin, au-delà de 130 sur l'échelle de Wechsler (au-delà de deux écarts types), le système de pensée bascule sur un autre mode (pensée en arborescence, au lieu d'être séquentielle comme pour la majorité des individus, traitement des informations plus rapides...). Son mode de pensée, ses procédures de raisonnement, sa perception et son analyse de l'environnement se distinguent significativement de la norme. Plus de 2 % des enfants sont à haut potentiel avec une proportion identique filles/garçons. Malgré un QI supérieur à 130, 1/3 d'entre eux sont en échec scolaire car ils ont une manière d'apprendre qui est significativement différente des autres et ils ne sont pas « adaptés » aux systèmes qui les entourent (notamment le système scolaire).

*« Être surdoué, c'est penser dans un système différent, c'est disposer d'une forme d'intelligence particulière. C'est aussi grandir avec une hypersensibilité, une affectivité envahissante, qui marquent la personnalité. »*
Jeanne Siaud-Facchin, *L'enfant surdoué : l'aider à grandir, l'aider à réussir*, Odile Jacob, 2012.

### 153. Qu'est-ce que l'agressivité ?

Jean-Jacques Rousseau croyait que la violence s'acquérait par influence de l'environnement, qu'elle se développait par contagion. Or, les recherches nous apprennent que cette conception est fausse. À la naissance, le « petit d'homme » possède déjà une énergie brute, vitale certes, mais non civilisée. Déjà, le poupon qui veut son lait hurle sa faim. L'agressivité regroupe les caractéristiques de la personnalité (état, tendances ou prédispositions) qui poussent une personne à s'affirmer. C'est une pulsion de vie qui permet l'adaptation.

L'agressivité est normale, c'est une pulsion de vie adaptée... à certains contextes. Elle se présente donc dès les premières années de vie, mais se désapprend au fur et à mesure que l'enfant découvre comment exprimer ses besoins et ses frustrations dans le respect de soi et des autres.

L'agressivité dite « normale » est celle qui se manifeste chez les petits d'âge préscolaire parce qu'ils n'ont pas encore appris à utiliser des stratégies pacifiques pour résoudre leurs conflits, à réguler leurs émotions où à se servir de comportements adaptatifs de rechange à l'agressivité. Ils n'ont pas encore développé les habiletés sociales qui leur permettront d'interagir de façon positive avec leur entourage. On explique leurs gestes agressifs par leur maladresse sociale, leur immaturité neurologique, leurs habiletés langagières à peine émergentes et leur capacité naissante à intégrer les interdits.

Les chercheurs s'entendent pour dire qu'au cours du développement, ce qui distingue les manifestations agressives normales des conduites agressives dites « anormales » ou « atypiques », c'est la fréquence et la gravité des symptômes. Il faut bien distinguer l'agressivité normale, celle qui, bien canalisée, permet l'affirmation, le dépassement de soi et la réussite, de la violence destructive qui nuit à l'adaptation et au développement de l'enfant.

Les connaissances développées par les neurosciences sur l'immaturité cérébrale du jeune enfant permettent de comprendre pourquoi ce dernier est en proie à de véritables tempêtes émotionnelles : pourquoi il tape, mord entre 1 an et 3 ans, pourquoi il peut éprouver de véritables paniques et pourquoi, si on le laisse seul face à ses détresses, il va sécréter trop de cortisol, substance délétère pour son développement cérébral.

### 154. L'agressivité fait-elle partie du développement de l'enfant ?

L'agressivité s'inscrit dans le développement normal. Les enfants y recourent de façon spontanée. Le défi de la socialisation des enfants est d'apprendre à interagir sans agression.

Avant 2 ans, le jeune enfant est dans la période sensorimotrice. Il explore le monde avec son corps. Plus particulièrement, à partir de 6-7 mois, il commence à tester les réactions circulaires secondaires, c'est-à-dire le cycle action/réaction. Que se passe-t-il si j'appuie sur ce bouton ?

À un an, l'enfant commence à faire des colères, à exprimer ses sentiments.

L'enfant de 18 à 24 mois va tester ses capacités motrices et tirer, pousser, prendre. Il découvre les conséquences de sa motricité à travers les réactions des autres. Les échanges lui donnent une connaissance de plus en plus précise de la signification de ses actes, de ses postures et de ses vocalisations.

C'est entre 2 et 4 ans que l'on observe le plus de comportements agressifs physiques. 50 % des enfants manifestent occasionnellement de tels comportements, et de 4 à 13 % des enfants utilisent fréquemment les coups, les morsures pour régler leurs différends ou exprimer une frustration. C'est vers 2 ans et demi que l'on constate un pic dans l'agressivité manifestée des petits. La plupart des enfants entrent en conflit avec leurs pairs de façon physique.

Cependant à l'âge de 3 ans, la majorité d'entre eux développe des comportements prosociaux. L'agressivité physique devient un phénomène minoritaire moins fréquent que les comportements prosociaux (Dale F. Hay, Cardiff University, 2003). De 3 à 15 % des enfants de cet âge manifestent encore fréquemment des comportements agressifs. Ils ont des comportements impulsifs, opposants, intolérants aux limites et aux délais, et sont en quête d'attention (Richard Tremblay, *Prévenir la violence dès la petite enfance*, Paris, Odile Jacob, 2008). L'enfant découvre le pouvoir du « non » et l'utilise abondamment. Il cherche à exercer un contrôle sur son environnement, ce qui peut être éprouvant pour l'entourage. Il s'affirme comme différent de ses parents et construit sa personnalité.

À cet âge, le langage n'est pas le seul instrument de communication. L'imitation immédiate est le mode de communication prépondérant et constitue un véritable dialogue moteur. Un autre mode de communication passe par les conflits. L'agression n'est qu'une tactique parmi d'autres pour résoudre l'opposition. L'enfant a la maturation cognitive qui lui permet d'utiliser des stratégies de résolution de conflits plus sophistiquées (par exemple le recours à l'adulte, le troc). L'enfant de 3 ans aime jouer avec d'autres enfants. Néanmoins, il entretient des relations avec les autres qui souvent ne comportent pas d'interactions.
Entre 4 et 6 ans, l'enfant commence à exprimer verbalement ses sentiments. Peu à peu, l'enfant transforme les expressions physiques en contenus verbaux. L'agressivité verbale apparaît. L'enfant découvre le pouvoir de certaines expressions qu'il a entendues et les reproduit. Il exprime ainsi sa colère, ou il veut faire réagir l'adulte ou un camarade.

### 155. Peut-on définir des profils de comportement caractéristiques des enfants ?

Dès le plus jeune âge, les enseignants remarquent des positionnements différents selon la posture prise par les élèves. Hubert Montagner (*L'Enfant et la Communication*) a observé des enfants (en particulier entre 1 et 6 ans) placés en activités libres et a pu, à travers l'analyse de leurs gestes, de leurs mimiques, de leurs vocalisations… définir des profils de comportement caractéristiques :

- les dominants-agressifs ;
- les *leaders* ;
- les dominés-craintifs ;
- les dominés agressifs.

Souvent le *leader* se réserve un rôle qu'il affectionne, une place centrale dans un jeu, dans l'élaboration des règles. Il sera celui qui décide de l'organisation d'une construction, d'une bagarre… L'enseignant informé a alors un rôle de régulation. En effet, lors de ces jeux, il y a là le développement de relations de complicité, de coopération, mais également de pouvoir et de soumission.
La difficulté de prêter un objet est une situation souvent observée dans une classe ou une cour de récréation. C'est d'autant plus difficile pour des enfants placés en collectivité où le vivre-ensemble est l'objectif premier, alors qu'ils sont à une étape de leur vie où ils sont en train de se constituer en tant qu'individus et qu'ils ont besoin de temps de centration sur eux-mêmes.

### 156. En quoi l'objet transitionnel est-il important pour l'enfant ?

D'après Anna Freud (1895-1982, psychanalyste et fille de Sigmund Freud), le jeu commence chez l'enfant sous forme d'un jeu érotique avec le corps, qu'il s'agisse de son propre corps (au niveau de la bouche, des doigts, de la peau…) ou du corps de sa mère (à travers l'alimentation par exemple), sachant qu'à cet âge, dans le vécu de l'enfant, cette distinction n'est pas catégorique.

Les propriétés du corps de la mère et de celui de l'enfant sont ensuite transférées à un objet mou et notamment à ses caractéristiques de surface (odeur, chaleur, consistance). Ce qui va donner naissance à l'« *objet transitionnel* » (Winnicott) dont on sait qu'il est investi à la fois de libido narcissique et de libido objectale, et qu'il sert de support à l'ambivalence de l'enfant. Progressivement ces objets transitionnels vont perdre de leur importance au fil du temps et céder la place à un « *matériel de jeu qui ne possède pas, par lui-même, un statut d'objet, mais qui sert les activités du moi et les fantasmes qui les sous-tendent* » (Anna Freud, *L'Enfant dans la psychanalyse*, Gallimard). Ces jeux apparaissent schématiquement selon la séquence chronologique suivante :

- jouets permettant des activités de type : vider/remplir, ouvrir/fermer, emboîtements, souillure par déplacement des intérêts primitivement attachés aux orifices corporels et à leurs fonctions ;
- jouets mobiles sources de plaisir au niveau de la motricité ;
- jouets de construction permettant d'exprimer les tendances ambivalentes (construire/détruire) ;
- jouets permettant l'expression de la bisexualité psychique, soit dans un jeu de rôle solitaire, soit pour parader devant l'objet œdipien, soit pour mettre en scène la problématique œdipienne au sein de jeux collectifs.

L'aptitude au jeu se transforme enfin en aptitude au travail grâce à la secondarisation de la pensée. Certaines activités comme la rêverie diurne, les jeux, les *hobbies* continuent cependant à fonctionner, de manière plus ou moins intense selon les sujets. Ils laissent ainsi une place à l'imaginaire, aux fantasmes et aux processus primaires, malgré la socialisation progressive des comportements et des jeux. Anna Freud pense que « *le jeu est un excellent moyen d'observation [...] pour apprendre à connaître l'enfant* ». Elle souligne le rôle fondamental que tient le jeu dans le processus de socialisation de l'enfant, allant jusqu'à en faire un des éléments de l'aptitude au travail de l'adulte.

### 157. Qu'est-ce que l'attention ?

L'attention est l'une des grandes fonctions cognitives, permettant à l'homme une constante adaptation à son environnement dans sa vie quotidienne. En psychologie du développement, l'effort de la recherche se centre sur l'évolution des processus cognitifs qui vont permettre à l'enfant d'orienter ses activités perceptives et comportementales.

C'est la mobilisation des ressources cognitives orientée vers un but, entraînant un accroissement d'efficacité des processus de perception, de prise de décision et d'action. Ce but peut être spécifique, global, conscient ou non. L'attention est un terme générique pour désigner la focalisation, l'alerte, l'augmentation temporaire de facultés cognitives. L'attention regroupe en fait de nombreuses notions, dont la nature dépend non seulement de la discipline concernée (cognitif : faculté cognitive ; neuropsychologie : fonction mentale...), mais également, à l'intérieur de ces disciplines, des modèles théoriques, des processus envisagés et de la spécificité de la fonction observée.

L'individu s'oriente naturellement vers des buts globaux et des buts intermédiaires lui permettant de résoudre des tâches, d'entreprendre et terminer des actions. En fonction de ses buts, la prise d'information se modifie de manière à sélectionner l'information pertinente pour le but à atteindre, augmenter la précision et la rapidité des actions orientées vers ce but. L'attention peut se partager entre plusieurs buts (attention partagée), c'est le cas par exemple lorsqu'un but complexe, se subdivisant en sous-buts à résoudre simultanément, requiert le partage des ressources cognitives. Dans le cas de but unique, on parle d'attention focalisée.

L'attention est inconsciemment et consciemment filtrée pour permettre au système cognitif d'extraire l'information pertinente de l'environnement, du bruit de fond d'informations inutiles (attention sélective). Ce filtrage est un processus actif et les informations non sélectionnées sont tout de même partiellement traitées, ce que l'on peut observer *via* l'effet *cocktail-party* : dans un environnement présentant de nombreuses informations, nous pouvons sélectionner l'information dont on souhaite prendre connaissance. Des informations normalement filtrées, qui revêtent une certaine importance (que l'on conçoit généralement comme dépassant un « seuil d'alerte ») peuvent tout de même émerger à la conscience.

Posner et Snyder (1975) distinguent l'attention consciente (processus attentionnels), qui entraîne une facilité d'action orientée et une inhibition des autres actions, de l'attention inconsciente (processus automatiques), pour laquelle seul l'effet de facilitation semble prépondérant. Les processus attentionnels sont sélectifs tandis que les processus automatiques n'ont pas d'effet sur les autres actions possibles.

Les processus attentionnels sous l'angle des neurosciences sont évidemment proches de la psychologie cognitive qui en complète les connaissances, principalement grâce à l'étude des pathologies de l'attention (par exemple, héminégligence). La notion de charge mentale (besoin de chaque tâche en ressource cognitive) s'y retrouve, dans de nombreux tests de mémoire de travail. Cette mémoire de travail, selon Shiffrin, rend également compte des processus attentionnels décrits par Posner et Snyder, tandis que la mémoire à long terme rend compte des processus automatiques.

La mémoire de travail étant à capacité limitée, cela explique que l'attention volontaire demande plus de concentration (de ressources cognitives), et explique la saturation que l'on peut observer lorsque plusieurs tâches demandant des ressources cognitives sont réalisées simultanément. Des processus automatiques sont réalisés sans grandes ressources cognitives : ne faisant que peu appel à la mémoire de travail, ils peuvent être réalisés quasiment en tout temps sans concentration. La mémoire de travail réalise en outre des traitements séquentiels, quand la mémoire à long terme permet de réaliser des traitements parallèles.

Lors de la réalisation d'une tâche se mettent en place des processus de prise d'information, de planification et d'exécution de l'action, généralement de manière suivie et plus ou moins simultanée. La complexité de telles procédures ne nous empêche généralement pas de réaliser la tâche, d'autant mieux que certaines sous-procédures seront automatisées, et l'attention focalisée sur les traitements cognitifs en cours. Pourtant, ces trois processus (prise d'information, planification, exécution) sont antagonistes et la résolution de la tâche repose sur un équilibre de ceux-ci.

### 158. Quel est le rôle de l'attention ?

L'attention est nécessaire dans quasiment toutes nos tâches quotidiennes. Elle permet de se concentrer sur le travail en cours, d'intégrer des données, de comprendre des informations, orales ou écrites, et d'émettre des pensées. La capacité de concentration dépend très fortement de changements dans l'environnement de la personne concernée (bruit, stress, soucis, fatigue, pensées interférentes, etc.). Le déplacement de l'attention peut survenir volontairement (par exemple porter son regard sur quelque chose) ou automatiquement (un bruit soudain attire l'attention, par exemple).
L'attention est un facteur de l'efficience cognitive, qu'il s'agisse de mémoriser, percevoir, ou résoudre des problèmes. L'attention est également le processus cérébral utilisé dans l'apprentissage. C'est logique : si vous apprenez quelque chose, vous devez vous concentrer sur ce que les experts ou les professeurs vous disent, ou porter votre attention sur le livre que vous êtes en train de lire, de manière que le contenu et les connaissances que contient votre texte soient mémorisés. Sans l'attention portée à un nouveau contenu, pas de mémorisation ni de maîtrise du sujet.

### 159. Quelle est l'importance de l'attention sur le développement de l'enfant ?

Dès sa naissance, l'enfant est réceptif à certains *stimuli* de l'environnement ; son attention peut donc déjà être captée par eux. D'ailleurs, si certaines choses que l'enfant fait sont volontaires, souvent, son attention est captée involontairement par l'environnement. Pour que son attention soit captée par une stimulation (une image, un son, une caresse, une odeur, etc.), il est nécessaire que l'enfant puisse percevoir cette stimulation : l'attention est donc un objet d'étude privilégié pour déterminer quelles caractéristiques de l'environnement, l'enfant est capable de percevoir. L'attention est une dimension indispensable à l'ensemble des fonctions cognitives, à l'exception des réflexes primaires. Il n'existe pas de saisie d'objets perceptifs, de catégorisation, d'apprentissage, de raisonnement qui n'impliqueraient pas l'attention. L'attention est la fonction répondant à une double contrainte, de réception et d'action. Elle est le système de contrôle qui permet de sélectionner une information et d'enclencher une action.
L'exploration visuelle, dans l'histoire de la psychologie du développement, est l'un des premiers comportements d'attention observés et étudiés chez l'enfant. La qualité de l'exploration visuelle est déterminante pour l'attention. Mais l'exploration visuelle fait intervenir plusieurs processus de perception et de traitement de l'information, couvrant plusieurs composantes de la scène visuelle (localisation d'un objet, forme, couleur, etc.). L'enfant est donc très tôt capable de porter sélectivement son attention, par exemple sur un aspect d'un *stimulus* (attention sélective), bien qu'il le fasse avec moins de rapidité que l'adulte.

Pour plusieurs auteurs, le développement des capacités attentionnelles serait avant tout lié à une amélioration dans l'organisation de l'exploration : avec l'âge, l'enfant deviendrait de plus en plus performant. Il apparaît que le contrôle de l'attention n'est pas inné, mais se développe donc, avec une augmentation des capacités attentionnelles dépendant, notamment, de l'âge. L'attention est un processus d'intégration, de synthèse, de cohésion des données de la perception et d'unification de l'acte intentionnel. L'expression « faire attention » dénote que l'attention est un acte intériorisé.

### 160. Les termes « attention » et « concentration » sont souvent utilisés de manière interchangeable, mais font-ils référence à la même chose ?

Étonnamment, la réponse est non. Bien que l'attention et la concentration soient interdépendantes et complémentaires, les mécanismes de chaque processus présentent de vraies différences.

L'attention se base sur les récepteurs sensoriels du cerveau qui gèrent l'audition, la vue, l'odorat, le toucher et le goût. L'attention correspond à la manière dont le cerveau gère un événement extérieur (un son, une image, une odeur) ou interne (une pensée ou un sentiment) puis porte et maintient cet événement à un certain niveau de conscience. Par exemple, si vous voyez quelqu'un sur scène et que vous l'entendez chanter une chanson qui vous rappelle votre enfance, vous y portez attention.

D'un autre côté, la concentration est un processus qui requiert cette conscience à un niveau bien plus élevé. Son rôle est de faire abstraction de toutes les données non pertinentes afin de faire barrage par exemple à tous les bruits indésirables (quelqu'un ouvre un sachet de bonbons au cinéma) qui vont vous empêcher d'écouter les paroles d'un film. Elle peut donc réduire dramatiquement la largeur de champ d'attention nécessaire à une situation donnée. Se concentrer est un acte volontaire, qui maintient l'attention à son plus haut niveau. Ces processus sont interdépendants : plus vous êtes concentré sur quelque chose, moins vous êtes conscient de ce qui se passe autour de vous ; inversement, si vous êtes très conscient de tout ce qui se passe autour de vous, vous allez trouver très difficile de vous concentrer sur quelque chose en particulier.

### 161. On parle d'enfants hyperactifs, de troubles de l'attention, que pouvez-vous en dire ?

Des aspects de l'attention peuvent être altérés par différents facteurs (tels que la fatigue, le stress, l'alcool et les drogues...). Voici les principales causes de troubles de l'attention.

- Le vieillissement.
- L'hyperactivité : certains enfants sont hyperactifs ou souffrent de troubles du déficit de l'attention (TDA/H – trouble du déficit de l'attention avec hyperactivité). Cela se manifeste notamment par un déficit de la flexibilité attentionnelle : l'enfant se désengage trop facilement de l'activité en cours à cause d'événements interférents intérieurs (ses propres pensées) ou extérieurs (bruits, odeurs, événements visuels). À cause d'un

mauvais fonctionnement de ses mécanismes d'inhibition, il peine à écarter l'information non pertinente et à se réengager dans son activité, étant sans cesse attiré par les stimulations diverses. Il est nécessaire d'apprendre à ce type d'enfants à développer, dès leur plus jeune âge, leurs capacités d'attention et de concentration de manière autonome et durable.

- Les problèmes d'engagement, désengagement, réengagement de l'attention : des troubles peuvent apparaître à chacun de ces trois niveaux d'engagement, désengagement, réengagement de l'attention. Les élèves qui souffrent de troubles de l'engagement ne parviennent pas à engager leur attention dans une activité, même si cette dernière leur plaît, et donnent alors souvent, à tort, l'impression de ne s'intéresser à rien. Des problèmes de désengagement entraînent une persévération, une focalisation excessive (qui peut paraître obsessionnelle vue de l'extérieur) d'un enfant sur une activité ou une chose donnée.
- Un traumatisme crânien ou une lésion.

### 162. L'attention est-elle un processus automatique ?

L'orientation de l'attention est tantôt automatique et tantôt contrôlée.

Elle est automatique (c'est-à-dire rapide et non accessible à la conscience) lorsque l'attention est guidée par une stimulation externe. On parle d'attention exogène. Par exemple, l'orientation exogène est impliquée lorsqu'un éclair dans le ciel attire l'attention d'une personne.

Dans d'autres cas, l'orientation de l'attention peut se faire de manière contrôlée/volontaire, c'est-à-dire que l'attention est guidée par le sujet. Par processus contrôlé, on entend un processus lent, accessible en partie à la conscience et consommateur en ressources attentionnelles. On parle alors d'attention endogène. L'orientation endogène, elle, intervient lorsqu'une personne oriente de façon contrôlée son attention vers le ciel, à la recherche d'une constellation par exemple.

Un travail intéressant est de développer la capacité à placer sous contrôle des processus automatiques. En neuropsychologie, un exercice de ce type est le test de Stroop. Il consiste à lire le plus rapidement possible à voix haute le mot *bleu*, *jaune*, *orange*... écrit dans une police de couleur différente, ou à donner la couleur d'impression de ces mots, sachant que cette couleur d'impression peut être différente ou non du nom de la couleur. Ainsi, pour une tâche de désignation de la couleur d'impression, face à *jaune* écrit en bleu, le processus automatique serait d'accéder automatiquement à la lecture et donc au sens du mot et à répondre « jaune » plutôt que « bleu ». Mais cet exercice va justement nous entraîner à placer sous contrôle ce processus automatique et à inhiber ainsi la réponse « jaune » pour laisser place à la réponse « bleu ».

**163. Comment peut-on travailler l'attention en classe ?**

**L'attention conjointe :** elle est très souvent une attente du pédagogue. Elle ne peut être pratiquée de manière exclusive. Elle ne peut être que de courte durée.

**L'attention maintenue dans la durée :** il est nécessaire, dans un travail très perceptif, mais aussi plus cognitif, d'introduire des pauses ou de se « distraire de temps en temps ». Dans un exercice soutenu, il faudra parfois créer la perturbation (relance, mise au point...) pour améliorer l'efficacité de la réalisation.

**L'attention sélective ou focalisée :** c'est l'effort demandé à un élève de travailler malgré le brouhaha. C'est la prise de décision en sport collectif (passer, tirer ou dribbler) : faire le choix de la meilleure solution, passer au joueur démarqué, accessible... – c'est parcourir un livre pour trouver une information précise. Il semble que cette attention puisse être entraînée.

**L'attention partagée ou attention divisée :** il en découle que lorsque plusieurs tâches sont demandées simultanément à l'élève (écrire et écouter le maître, inventer un récit écrit sans faute d'orthographe...), il appartient à l'enseignant de veiller à ce que l'une d'entre elles soit déjà maîtrisée (et automatisée) pour que les efforts soutenus de l'élève n'aient pas à se porter sur chacune des deux tâches (« Éviter la surcharge cognitive » – *Revue de psychologie de l'éducation*, 1998, n° 1, vol. 37, p. 64). Le partage de l'attention n'est possible que si l'une des deux tâches est automatisée. La lecture est un exemple de tâche automatisée (déchiffrage ou reconnaissance des mots, construction de sens, mémorisation). Pour un lecteur dit actif, la lecture est à ce point automatique qu'elle est presque irrépressible (on voit un message comme on voit un objet, sans même le regarder. Exemple : lire un panneau publicitaire en conduisant sa voiture). L'écriture sous la dictée, la production d'écrit sont des activités d'attention partagée. Pour apprendre, il faut être souvent doublement et parfois même triplement attentif.

# 5 Développement psychomoteur et moteur

## 1. Questions 164 à 172

164. Quelle différence faites-vous entre développement moteur et développement psychomoteur ?
165. En quoi l'EPS favorise-t-elle l'acquisition de connaissances chez l'enfant ?
166. Comment s'élaborent les conduites motrices chez l'enfant ?
167. Quels sont les programmes moteurs de base chez l'enfant ?
168. Quels sont les processus mis en jeu par les actions motrices ?
169. Pouvez-vous expliquer comment se développent ces quatre processus ?
170. Quelle est la finalité de l'EPS ?
171. Qu'est-ce que le schéma corporel ?
172. Comment cette image du corps se met-elle en place chez l'enfant ?

## 2. Réponses 164 à 172

**164. Quelle différence faites-vous entre développement moteur et développement psychomoteur ?**

**Le développement moteur** concerne l'amélioration, avec l'âge et la pratique, des aptitudes et de la performance motrice des enfants. Cette amélioration résulte de deux facteurs : l'évolution des structures neuromusculaires et la pratique d'activités motrices.
**Le développement psychomoteur** a trait au développement cognitif et à sa facilitation par les actions motrices au cours des dix premières années de sa vie.

**165. En quoi l'EPS favorise-t-elle l'acquisition de connaissances chez l'enfant ?**

Par la sollicitation d'actions motrices variées, l'EPS débouche sur l'acquisition d'habiletés particulières au travers desquelles s'élaborent des savoirs et des connaissances plus générales qui fondent la culture physique et sportive de chacun. Elle concourt ainsi à l'éducation à :

- la santé ;
- la sécurité ;
- la responsabilité ;
- l'autonomie ;
- la solidarité.

**166. Comment s'élaborent les conduites motrices chez l'enfant ?**

C'est un processus de transformation continu qui commence avant la naissance et se poursuit pendant de nombreuses années. Ce processus de transformation s'accomplit dans une interaction permanente entre la maturation du système nerveux et les sollicitations de l'environnement. C'est par l'action motrice que les connexions des cellules nerveuses vont se mettre en place, se développer et se stabiliser. Les actions motrices se construisent par complexifications successives à partir d'actions élémentaires et/ou d'actions antérieures maîtrisées.
À partir de l'activité spontanée et en fonction des transformations de l'environnement, l'enfant va chercher à reproduire l'action si elle a déclenché chez lui une sensation agréable. Il va ainsi élaborer de nouvelles conduites motrices. Par répétitions successives, l'enfant va construire une action motrice de plus en plus volontaire, organisée et efficace. Les conduites réflexes existantes dès la naissance vont disparaître peu à peu pour laisser la place à des conduites motrices construites. Au fur et à mesure de la croissance, surtout pendant la période 2 à 6 ans, les actions vont se réorganiser à des niveaux de complexité de plus en plus importants, bien entendu en fonction de la sollicitation de l'environnement, de la richesse du milieu... Il paraît

indispensable, dès le jeune âge, de mettre en place des situations riches et stimulantes qui obligent l'enfant à réorganiser sans cesse ses conduites motrices.

### 167. Quels sont les programmes moteurs de base chez l'enfant ?

Le développement moteur de l'enfant est lié à la mise en place de programmes moteurs de base (PMB) qui vont s'enrichir au fur et à mesure de la maturation du système nerveux et de l'expérience motrice. Ces programmes moteurs de base se divisent en 3 trois catégories :

- les habiletés locomotrices (liées à la marche, au déplacement) ;
- les habiletés non locomotrices (liées à la manipulation, aux prises d'appuis, à l'équilibre) ;
- les habiletés de projection d'objets (liées aux lancers).

Ces PMB sont de deux types :

- des programmes pré-câblés qui existent à la naissance. Ce sont ceux qui permettent l'apparition des comportements moteurs liés à l'espèce : la marche et la préhension, à partir desquelles le reste de la motricité va se construire ;
- des programmes moteurs non génétiquement prévus et dont l'apparition dépend de la sollicitation de l'environnement, de l'action dans celui-ci...

Ces programmes, il va falloir les solliciter chez l'enfant.
Vers 6-7 ans, cette période d'installation des PMB se termine ; même si nos habiletés continuent de se transformer jusqu'à l'âge adulte sur les plans morphologiques (vitesse, force, puissance), biologiques (endurance, résistance) et cognitifs (traitement de l'information).
De 2 à 6-7 ans, l'enfant passe donc d'une phase de motricité réflexe à une phase de motricité fondamentale construite indispensable à une bonne efficacité des habiletés motrices futures. La motricité sportive commence à partir de 7 ans.

### 168. Quels sont les processus mis en jeu par les actions motrices ?

Les conduites motrices mettent en jeu quatre processus qui interagissent : l'équilibration, l'automatisation, la coordination et la dissociation.

### 169. Pouvez-vous expliquer comment se développent ces quatre processus ?

**L'équilibration** : le progrès moteur de l'enfant s'organise autour de la maîtrise de l'équilibre jusqu'à environ 4 ans.

- 1^er^ stade : le refus du déséquilibre. L'enfant s'organise pour éviter tout déséquilibre. On observe l'abaissement du centre de gravité (exemple : déplacement à quatre pattes voire à plat ventre), la multiplication des points d'appui, le refus de s'engager dans l'action, des postures d'arrêts, des hésitations...

- 2e stade : l'acceptation du déséquilibre. On observe une acceptation de la mise en cause de l'équilibre, des renversements, des rotations, des balancements, des chutes... mais on observe des gestes parasites rééquilibrateurs.
- 3e stade : l'équilibre anticipé. L'enfant anticipe les déséquilibres et organise son action pour maîtriser son équilibre. Il procède à un ajustement postural. On observe des réceptions équilibrées.

**L'automatisation** : c'est la capacité de produire une action sans y penser et donc de pouvoir entreprendre une autre tâche en même temps. Par exemple, l'automatisation de la marche permet à l'enfant de se décentrer pour manipuler un objet ou le lancer en marchant.

- 1er stade : la centration. L'enfant utilise systématiquement son regard pour organiser l'action. C'est un stade de forte concentration, de forte dépense énergétique et nerveuse.
- 2e stade : l'automatisation progressive : il y a une prise d'informations par tout le corps. On observe une plus grande fluidité des actions.
- 3e stade : la décentration. La prise d'informations est plus kinesthésique que visuelle, moins coûteuse en énergie. D'autres apprentissages vont pouvoir être engagés.

**La coordination** : c'est la capacité à enchaîner des gestes, des actions, des tâches variées dans un souci d'efficacité maximum. Par exemple, enchaîner une course avec une impulsion, un saut et une réception.

- 1er stade : la juxtaposition des actions. L'enfant marque des temps d'arrêt ou des ralentissements entre les actions. Elles sont indépendantes les unes des autres.
- 2e stade : une anticipation partielle. On observe une diminution du nombre et de la longueur des arrêts.
- 3e stade : la coordination des actions. Les actions s'enchaînent réellement ; il y a disparition des temps d'arrêt.

**La dissociation** : c'est la capacité à sortir de la globalité du corps dans l'action pour ne mobiliser que la (les) partie(s) du corps nécessaire(s) à la réalisation de la tâche. Elle se traduit par l'indépendance des différents segments du corps mis en jeu.

- 1er stade : la syncinésie. Des contractions musculaires et des mouvements sont involontaires, inutiles, voire parasites.
- 2e stade : la dissociation partielle des différentes parties du corps. On observe un lancer qui mobilise uniquement le bras lanceur, mais le lancer reste global pour tout le bras.
- 3e stade : la différenciation. Il y a fixation d'une seule partie du corps, les réponses motrices sont plus fines et localisées.

### 170. Quelle est la finalité de l'EPS ?

L'enseignement de l'EPS vise, chez tous les élèves, le développement de la personne, la transformation de soi, et plus précisément :

- le développement des capacités et des ressources nécessaires aux conduites motrices ;
- l'accès au patrimoine culturel que représentent les diverses activités physiques, sportives et artistiques (APSA qui sont les pratiques sociales de référence) ;
- l'acquisition des compétences et connaissances utiles pour mieux connaître son corps, le respecter et le garder en bonne santé.

### 171. Qu'est-ce que le schéma corporel ?

Le schéma corporel est une perception que chacun a de son propre corps, de ses différentes parties, de sa position par rapport à la verticale ou l'horizontale au cours des mouvements. Il s'agit donc de l'image que nous nous faisons de notre propre corps, soit statiquement, soit du corps en mouvement (à chaque mouvement correspond un schème moteur, c'est-à-dire une forme mentale de ce mouvement). Ainsi une meilleure conscience de notre situation spatiale est possible.
Le schéma corporel est donc un modèle permanent de notre propre corps essentiellement tactile, visuel et postural. Il se constitue tout au long de l'enfance et est considéré comme acquis vers l'âge de 11 ans. Cette image du corps n'est cependant pas une représentation intellectuelle, elle se constitue au fur et à mesure de nos expériences vécues, par la répétition et l'exercice des différents mouvements que nous effectuons.

### 172. Comment cette image du corps se met-elle en place chez l'enfant ?

À la naissance, le schéma corporel n'est pas constitué, cette image va se construire au cours des expériences vécues. Cette construction se définit comme le passage d'un corps senti comme dissocié à un corps senti comme unifié et formant une totalité. Dès la naissance, cette image du corps va se constituer à partir de données sensorielles multiples pouvant se classer en deux catégories distinctes :

- celles qui résultent des perceptions internes. Il s'agit des informations provenant de l'activité propre de certains organes, sensations musculaires et articulaires. Elles apportent à l'enfant des renseignements sur son propre corps ;
- celles qui résultent des perceptions externes. Il s'agit d'informations provenant des stimulations du milieu extérieur se produisant grâce à la vue, au toucher, à l'odorat ainsi que par tous les autres sens, elles permettent une meilleure situation du sujet par rapport à l'espace et aux objets.

À l'aide de ces deux sources d'information, le schéma corporel est en perpétuelle construction, il est adaptation du corps propre à son évolution (par exemple : à l'adolescence) et à de nouveaux objets (par exemple : apprentissage d'un instrument de musique, d'un sport, de la danse, etc.).

# 6 Le jeu

## 1. Questions 173 à 181

173. Pourquoi le jeu est-il important pour le développement de l'enfant ?
174. Pouvez-vous citer différentes fonctions du jeu ?
175. Jouer pour apprendre ou apprendre en jouant ?
176. Quels sont selon vous les avantages et les limites du jeu en classe ?
177. Et le jeu en école maternelle, quelle est sa place ?
178. Pouvez-vous développer la fonction du jeu comme expression de l'appareil psychique ?
179. Quelle est la fonction du jeu symbolique dans le développement de l'enfant ?
180. Quelle est la fonction du jeu symbolique chez Piaget ?
181. Comment le jeu peut-il être favorable aux apprentissages ?

# 2. Réponses 173 à 181

**173. Pourquoi le jeu est-il important pour le développement de l'enfant ?**

L'importance du jeu, et de son rôle structurant dans le développement de l'enfant, ne fait plus de doute pour les chercheurs depuis le début du xxe siècle.
Le jeu est une activité sérieuse, éducative, pédagogique, qui contribue au développement affectif, sensorimoteur, cognitif, moral, intellectuel et social de l'enfant d'une part (c'est l'optique de la psychologie du développement), au développement des plus hautes manifestations de la culture d'autre part (Caillois, 1967). La psychologie du développement appliquée au jeu (Vygotski, 1967 ; Bruner, 1983) pense justement le jeu comme une activité qui intègre la dimension sociale, interactive, raison de sa contribution au développement de l'enfant. La psychologie ne pourrait donc, seule, saisir un phénomène aux dimensions sociales et culturelles si évidentes (Hurtig, 1969).
Le jeu est une activité indispensable au développement psychique de l'enfant. Il est nécessaire à son évolution et c'est la meilleure façon de grandir. En jouant, l'enfant apprend à devenir, il s'explore et explore le monde. Jeu et développement, en effet, sont liés. D'une part, l'enfant grandit et l'évolution de son développement retentit sur son jeu, et d'autre part, le jeu contribue à cette croissance. L'évolution des jeux traduit une maturité cognitive, affective et sociale. C'est par et dans le jeu que l'enfant se construit, dans cet espace intermédiaire entre la fiction et la réalité, entre la réalité psychique et la réalité externe, entre l'accommodation et l'assimilation.

**174. Pouvez-vous citer différentes fonctions du jeu ?**

Le jeu, comme élément indispensable au développement de l'enfant, prend différentes formes et remplit diverses fonctions dont quelques-unes dans la liste suivante, non exhaustive.

- Jeu et découverte du monde
- Jeu et développement
- Jeu et développement sensorimoteur
- Jeu : expression de l'appareil psychique
- Jeu et personnalité
- Jeu et mécanismes de défense
- Jeu et langage
- Jeu et symbolisation
- Espace transitionnel et parole
- Jeu et pensée
- Jeu et apprentissage
- Jeu et socialisation
- Le jeu : une rencontre
- Jeu : plaisir et réalité

### 175. Jouer pour apprendre ou apprendre en jouant ?

On oppose classiquement le jeu au travail. Dans le premier il n'y a pas d'obligation, pas de production autre que le plaisir. Dans le second, les productions sont évaluées, contrôlées... Il se profile une similitude de structure (action), mais une différence de fonction (liberté/contrainte et gratuité/rentabilisation). Cependant, le jeu prend en compte la motivation de l'enfant et son plaisir. Le rôle du maître est alors essentiel : il donne et fait confiance à l'élève, il lui apporte les règles du jeu, recueille ses réactions et en tient compte dans sa pédagogie.

Dès 1899, Karl Groos souligne le rôle du jeu comme préexercice. Il peut mener au travail, car il existe un parallèle entre le jeu et le travail. Jouer, c'est se donner une tâche à accomplir et se fatiguer, se forcer. Dans le jeu, il y a une forme de devoir. On se donne un programme. Le jeu requiert de la rigueur.

Pour Jean Château, l'utilisation du jeu en classe s'appuie sur l'idée que le jeu forme l'esprit au travail. Il reste cadré et lié à la notion de sérieux et de rentabilité.

Le pédagogue Célestin Freinet a, lui, banni le jeu en tant qu'activité pédagogique. « *Baser toute une pédagogie sur le jeu, c'est admettre implicitement que le travail est impuissant à assurer l'éducation des jeunes générations.* » Freinet distingue le « jeu-travail » et le « travail-jeu ». Sa pédagogie repose sur le « travail-jeu », un travail qui apporte autant de satisfaction que le jeu. Il lui oppose le « jeu-travail » ou jeu dit éducatif, stratégie pédagogique élaborée par l'adulte.

### 176. Quels sont selon vous les avantages et les limites du jeu en classe ?

Considérant toutes les qualités inhérentes au jeu, il demeure intéressant de l'envisager comme activité ponctuelle d'un apprentissage dans son ensemble. Le jeu peut être un détour, une situation d'apprentissage parmi d'autres. Avec des jeux, on peut aborder de nombreux domaines, et souvent d'une manière combinée.

**Avantages** : la pédagogie du jeu permet : de miser sur le vecteur « plaisir », de donner du sens en situation virtuelle, de rendre l'apprentissage actif, de vivre un monde fictif, un véritable processus d'acculturation (groupe, espace, temps défini).

**Limites** : dans son acception ordinaire, le jeu est synonyme de divertissement, de gratuité, de liberté. Or, en l'utilisant comme outil pédagogique, il peut parfois s'éloigner considérablement des divertissements habituels de l'enfant que l'on fait jouer. De même, le jeu en classe n'est bien sûr jamais gratuit, puisque c'est toujours un objectif d'apprentissage précis qui fait sa raison d'être. Le jeu requiert un engagement et une libre participation, une adhésion. Il met en scène un apprentissage par imitation, différent d'une véritable organisation du savoir.

### 177. Et le jeu en école maternelle, quelle est sa place ?

Pauline Kergomard a joué un rôle central dans l'évolution des écoles maternelles dont elle définit la pédagogie : « *L'école maternelle n'est pas une simple garderie, mais un établissement éducatif. Elle doit tenir compte de la spécificité de la petite enfance, en privilégiant le jeu, le chant, l'activité physique, et en accueillant l'enfant dans une ambiance chaleureuse.* »
Dans les instructions officielles du début des années 2000, on pouvait lire : « *Le jeu est l'activité normale de l'enfant. Il conduit à une multiplicité d'expériences sensorielles, motrices, affectives, intellectuelles… Il permet l'exploration des milieux de vie, l'action dans ou sur le monde proche, l'imitation d'autrui, l'invention de gestes nouveaux, la communication dans toutes ses dimensions, verbales ou non verbales, le repli sur soi favorable à l'observation et à la réflexion, la découverte des richesses des univers imaginaires… Il est le point de départ de nombreuses situations didactiques proposées par l'enseignant. Il se prolonge vers des apprentissages qui, pour être plus structurés, n'en demeurent pas moins ludiques.* »
Depuis 2015, dans les ressources proposées par Éduscol pour l'école maternelle, on peut lire : « *À l'école, le premier cycle est concomitant de cette nécessité de pratiquer quotidiennement ces jeux d'exploration, symboliques, de construction et à règles, pour le bon développement physiologique, neurologique, psycho-socio-affectif et cognitif de l'enfant. Chaque âge a son développement particulier qu'il faut respecter. Le jeu est souvent un appui pédagogiquement efficace et pertinent pour poser les fondations sur lesquelles s'appuieront ultérieurement des apprentissages disciplinaires.* »

### 178. Pouvez-vous développer la fonction du jeu comme expression de l'appareil psychique ?

Le jeu permet à l'enfant de surmonter ses angoisses, de maîtriser et de triompher d'une réalité pénible. Par le jeu, l'enfant traduit sur un mode symbolique, ses fantasmes, ses désirs, ses expériences vécues.
Pour tous les auteurs de culture psychanalytique, le jeu de l'enfant est à la fois l'expression de ses désirs et un mode de défense contre l'angoisse. Par l'accession au symbolique, l'enfant joue et rejoue les situations vécues, il intègre les modèles proposés et les émotions qui le traversent. Ces émotions ne sont plus collées au corps ; grâce au jeu, elles se transforment.
Le jeu garantit à l'enfant la possibilité de faire des compromis. Les scénarios qu'il expérimente dans le jeu lui permettent de trouver des issues ou des alternatives à des situations qu'il rencontre dans la vie, en tenant compte de la censure de la réalité.
L'être humain joue tout au long de sa vie. Le jeu nous permet d'évacuer notre angoisse, dans la hantise que nous avons de ne pas pouvoir maîtriser notre propre dépendance. Selon Aldo Naouri, jouer, c'est lutter contre l'angoisse de mort, dès le plus jeune âge.

**179. Quelle est la fonction du jeu symbolique dans le développement de l'enfant ?**

La symbolisation désigne la capacité à développer les représentations mentales. L'incapacité à se construire des représentations mentales est à l'origine d'une des difficultés que peut rencontrer l'enfant tant dans son épanouissement intellectuel que social.
Les jeux de « faire-semblant » sont à leur apogée entre 3 et 6-7 ans, avec l'apparition de la fonction symbolique. L'enfant joue avec son imaginaire, il est un héros, il peut jouer ses sentiments, sentiments contradictoires, parfois inavouables, la jalousie par exemple.
Bruno Bettelheim déclarait que des enfants qu'on laisse jouer comme ils l'entendent peuvent la plupart du temps trouver la solution aux problèmes qu'ils vivent. Ils ont peut-être besoin d'être accompagnés quand ces difficultés sont installées. Le jeu leur donne des occasions de réussir, de faire des prouesses qui vont contribuer à renforcer l'estime de soi, surtout si ces prouesses sont valorisées par des adultes (parents, enseignants).
Le jeu permet à l'enfant de s'attribuer la réussite de ses actes dans le plaisir. C'est dans le groupe, et par le groupe, qu'il parvient à une activité de jeu de niveau supérieur et qu'il affirme un certain contrôle de soi.
Un des aspects fondamentaux du jeu est son caractère symbolique. La symbolisation sous-tend différentes facettes du développement de l'enfant : le cognitif, l'affectif et le social. Les jeux symboliques sont :

- des jeux de rôle et de faire-semblant ;
- des jeux d'imitation…

Ils sont accompagnés de verbalisation.

**180. Quelle est la fonction du jeu symbolique chez Piaget ?**

Pour Piaget, le jeu symbolique prédomine de 2 à 6 ans. Il permet l'assimilation du réel au moi (sans contrainte ni sanction), la compensation et la liquidation des conflits. Il autorise l'enfant à soumettre son environnement à un moment de son développement où il lui est difficile de s'y adapter. Il exprime la réalité de l'enfant telle qu'il la perçoit, et surtout la ressent. Grâce au jeu symbolique, les enfants peuvent coller au modèle (faire semblant) ou s'en détacher, et laisser libre cours à leur imaginaire, détour nécessaire pour arriver à l'adaptation au réel et à l'objectif. Il a pour fonction l'expression de l'imaginaire et permet le passage de l'imaginaire débridé à une imagination structurée : langage oral, langage écrit, dessin, musique…
Il s'agit d'une transition avant de passer au langage des adultes qu'il ne maîtrise pas encore.
La symbolisation a trois temps :

- le temps de l'anticipation : la préparation du jeu ;
- le temps d'expression : la symbolisation agit ;
- le temps de verbalisation : la description et l'analyse des actions, des représentations…

Nous retrouvons ainsi les trois temps de la conjugaison : passé, présent, et futur.

### 181. Comment le jeu peut-il être favorable aux apprentissages ?

Le jeu est favorable aux apprentissages et il est nécessaire à l'équilibre psychique de l'enfant. Il ouvre à la mise en place de processus cognitifs. Dans la mesure où le jeu joue un rôle dans la formation du moi et dans le développement de l'intelligence, sa fonction est fondamentale dans les procédures d'apprentissage. C'est essentiellement depuis la scolarité obligatoire que l'adulte a découvert que le jeu pouvait avoir un rôle pédagogique. Le jeu est éducatif, mais quand il est utilisé à l'école comme méthode d'apprentissage, l'enfant n'est pas dupe. Il comprend bien que ce jeu-là, c'est du travail. On a tendance à opposer jeu et travail, or l'essence même du travail est dans le jeu. Winnicott a largement développé cette question. C'est du jeu que naît la capacité de créer, c'est par le jeu que l'enfant se découvre et se constitue, c'est par le jeu que se trouvent expérimentés presque tous les préalables des apprentissages cognitifs ultérieurs. Un enfant qui n'a pas assez joué ne peut pas apprendre. Tous les fondements de la vie symbolique et sociale sont dans le jeu.

Piaget nous a montré que le jeu est en interdépendance avec les structures cognitives. Il est un moyen de s'affirmer, d'expérimenter et de maîtriser les connaissances et les savoir-faire, d'intégrer la pensée à l'action. Le jeu donne à l'enfant accès à son intelligence. Les capacités qu'ouvre le jeu sont indispensables à toute activité d'apprentissage et de compréhension. Tout en jouant, l'enfant accède au raisonnement. Il apprend aussi que le ratage est une condition de la réussite.

Vygotski et d'autres chercheurs qui se sont intéressés au jeu ont souligné l'importance de la réciprocité et du dépassement de la réalité actuelle par la création d'autres mondes (imaginaires) dans le jeu. Vygotski a affirmé que le fait de déformer la réalité dans le jeu a pour effet paradoxal de renforcer les apprentissages dans la vie réelle en modifiant la compréhension que les enfants ont de la relation entre les objets et leur signification. Le jeu apprend à réussir et à perdre, à supporter les échecs, à les faire fructifier...

Dans l'extrait suivant du programme de l'école maternelle, *Bulletin officiel* spécial n° 2 du 26 mars 2015, on peut lire :

« *2.1. Apprendre en jouant*

*Le jeu favorise la richesse des expériences vécues par les enfants dans l'ensemble des classes de l'école maternelle et alimente tous les domaines d'apprentissages. Il permet aux enfants d'exercer leur autonomie, d'agir sur le réel, de construire des fictions et de développer leur imaginaire, d'exercer des conduites motrices, d'expérimenter des règles et des rôles sociaux variés. Il favorise la communication avec les autres et la construction de liens forts d'amitié. Il revêt diverses formes : jeux symboliques, jeux d'exploration, jeux de construction et de manipulation, jeux collectifs et jeux de société, jeux fabriqués et inventés, etc. L'enseignant donne à tous les enfants un temps suffisant pour déployer leur activité de jeu. Il les observe dans leur jeu libre afin de mieux les connaître. Il propose aussi des jeux structurés visant explicitement des apprentissages spécifiques.* »

# 7 Dessin, graphisme et écriture

## 1. Questions 182 à 187

182. Quelle est l'importance du dessin dans le développement de l'enfant ?
183. Comment se développe le dessin chez l'enfant ?
184. Quelles sont les différentes étapes du développement du dessin ?
185. Comment le geste graphique évolue-t-il ?
186. Quelles sont les conditions favorables pour l'acquisition de l'écriture ?
187. Comment évolue la prise de l'outil scripteur par l'enfant ?

# 2. Réponses 182 à 187

### 182. Quelle est l'importance du dessin dans le développement de l'enfant ?

C'est une activité caractéristique de l'enfance, qui tient une grande place par la possibilité d'expression qu'il apporte à l'enfant jeune. L'enfant peut exprimer par le dessin ce qu'il n'arrive pas à dire avec ses mots, ou alors le dessin peut être considéré comme un témoin de l'évolution de l'enfant :

- une évolution psychomotrice : puisque la qualité du graphisme dépend de ses possibilités psychomotrices ;
- une évolution intellectuelle : car on y trouve des éléments significatifs de sa pensée. Par exemple, dans l'excès de centration puis dans la décentration de son point de vue ;
- une évolution affective : car l'enfant y projette sa façon d'être au monde, en y exprimant son vécu intérieur avec tous les conflits vécus et les angoisses non dites.

### 183. Comment se développe le dessin chez l'enfant ?

L'étude des dessins d'enfants prend véritablement son essor à partir du xx^e^ siècle.
Georges-Henri Luquet est le premier à définir une dénomination de stades dans l'évolution du dessin. L'ensemble des études qui vont être faites par la suite auront pour cadre l'accession de l'enfant au réalisme. Du gribouillage du tout-petit au dessin du préadolescent, c'est toute une évolution qui aboutirait ainsi à une représentation de plus en plus poussée du réel.
Florence de Mèredieu prend le contrepoint de cette interprétation du dessin d'enfant qu'elle assimile à un « *adultocentrisme* ». Elle émet l'hypothèse qu'il faut prendre le dessin d'enfant non pas comme une évolution qui mènerait à une représentation de plus en plus adéquate du réel au stade adulte, mais comme une « *dégestualisation* » progressive liée à un transfert du geste (le dessin) vers la parole et l'écriture de l'expression de l'enfant. C'est pourquoi on assiste alors à une lente diminution de la créativité tout au long de l'enfance. Le réalisme visuel, stade final dans l'évolution pour Georges-Henri Luquet, ne laisse ainsi que peu de place à l'expression, d'où l'abandon du dessin, au moment de l'adolescence – à l'exception des stéréotypes communs à cette tranche d'âge.

### 184. Quelles sont les différentes étapes du développement du dessin ?

Plusieurs auteurs se sont intéressés à l'évolution des caractéristiques des dessins avec l'âge. Une des descriptions les plus complètes a été fournie par Luquet (1927), qui a repéré différents stades.
**Le stade du gribouillage – les premières traces graphiques :** l'apparition de ces premiers tracés à la fin de 1^re^ année est rendue possible par les progrès psychomoteur. Les premiers tracés correspondent à une décharge motrice : c'est juste la trace graphique laissée par

la main. Ils n'ont pas de signification précise pour lui. Puis un jour, spontanément ou à la suite d'une question de son entourage, l'enfant va attacher une signification à son dessin. Ce moment important le fait entrer dans le second stade.

**Le stade du réalisme fortuit – l'attribution de la signification (la 3e année) :** la signification que l'enfant attribue à son dessin ne semble pas avoir de rapport direct avec la morphologie du tracé ; il peut même accorder à un seul dessin plusieurs significations, y ajouter *a posteriori* quelques éléments ayant pour but d'en augmenter le réalisme. Il y a dès lors l'apparition de l'intentionnalité graphique. C'est elle qui va marquer le passage au stade suivant.

**Le stade du réalisme manqué – l'intention de représentation (la 4e année) :** la découverte de la possibilité de représentation de la réalité le conduit à rechercher des analogies entre les traits qu'il trace et des objets connus. Même si, par hasard, il y a une certaine adéquation entre ce qu'il veut représenter et ce qu'il arrive à dessiner, il y a encore un assez grand écart entre intention et réalisation du fait de ses possibilités limitées. On peut dire que dans ce stade, le plus souvent, ses moyens ne sont pas à la hauteur de ses intentions.

**Le stade du réalisme intellectuel – montrer ce qu'on sait du réel (entre 4 et 8 ans) :** la convergence de ses progrès moteurs, de ses connaissances et des progrès de son analyse entraîne un progrès rapide de ses dessins qui deviennent de plus en plus précis, complets, dynamiques. Ce sont désormais de véritables récits de son expérience, de ses connaissances.

**Le stade du réalisme visuel – montrer ce qu'on voit du monde (de 9 à 12 ans) :** en quelques années, les progrès de la maturation perceptive et intellectuelle de l'enfant vont lui permettre de donner une représentation plus objective de la réalité. Il y a un effort permanent d'ajustement au réel. Par exemple, il utilise désormais deux ou trois dimensions pour rendre compte de la profondeur. Le dessin, à ce stade, n'a plus la valeur expressive qu'il avait dans les années précédentes parce que l'enfant sait se faire comprendre avec les mots. À cette période, certains enfants prennent conscience de la difficulté à rendre compte objectivement de la réalité dans un dessin, ne maîtrisent pas bien les techniques qui les y aideraient, et peuvent se désintéresser de ce mode d'expression qui ne les satisfait pas. Leur production graphique s'appauvrit et diminue progressivement. D'autres, au contraire, vont continuer de progresser dans ce mode d'expression et représentent alors des aspects nouveaux tels la stylisation, la caricature, les sentiments, l'abstraction...

### 185. Comment le geste graphique évolue-t-il ?

On retrouve différentes étapes.

**Le stade du gribouillage**

1) Le niveau moteur se caractérise par :

- des mouvements impulsifs et non contrôlés ;
- une absence de dominante manuelle ;

- une tenue de l'outil en prise palmaire ;
- un antagonisme gauche/droite : l'enfant n'est pas latéralisé.

2) Le niveau perceptif se caractérise par le fait que :

- le tracé est la projection du mouvement du bras dans l'espace graphique : cet espace graphique peut dépasser la feuille ;
- par rapport à l'axe du corps, l'enfant n'investit que l'espace graphique droit ou que le gauche, mais il ne peut passer de l'un à l'autre ;
- le contrôle visuel n'est pas encore automatisé : l'œil suit la trace.

3) Le niveau de représentation : le stade du gribouillage ne permet pas une représentation concrète ou abstraite : il correspond à un besoin fonctionnel.

**Le stade de la conscience de la forme**

1) Le niveau moteur se caractérise par :

- la capacité à freiner et à fragmenter le geste ;
- un début d'opposition du pouce par rapport aux autres doigts ;
- la capacité à réaliser des courbes dans les deux sens.

On note une progression du contrôle proximo-distal vers le poignet : le mouvement se fait à partir du poignet avec un appui fixe au niveau du bras, mais l'enfant ne maîtrise pas le point d'appui ; l'intervention du coude apparaît, mais il n'y a pas de véritable coordination entre la rotation et la translation. Une dominante latérale se manifeste ; la maîtrise de la pression pose encore quelques problèmes avec certains outils.

2) Le niveau perceptif se caractérise par :

- du point de vue spatial, par une bonne occupation de l'espace graphique (mais une absence d'organisation graphique) : l'enfant remplit les vides au fur et à mesure qu'il les perçoit, certaines traces commencent à être orientées, des traits parallèles équidistants sont réalisés ;
- du point de vue du tracé, on observe la maîtrise du contrôle double : début/fin, prise de repères autres que ceux des tracés déjà effectués, à droite et à gauche ;
- du point de vue de l'organisation du tracé, on assiste à une juxtaposition de formes différentes dans l'espace en vue de représenter quelque chose. Les relations entre les formes n'existent pas encore : les explications en sont données verbalement par l'enfant, lors des commentaires des réalisations.

3) Le niveau de la représentation. On observe une différenciation dans la production :

- les jeux graphiques non figuratifs ;
- le graphisme ayant pour objectif celui d'une représentation : les dessins ;
- les esquisses de l'écrit.

On constate souvent la coexistence de ces trois formes sur un même espace graphique. Le langage est encore nécessaire pour expliciter la production. Mais il n'exerce plus une fonction déterminante pour la représentation comme au stade précédent : il accompagne, suscite, justifie, traduit l'acte graphique.

**Le stade de la maîtrise du tracé**

*Naissance des premières formes*

1) Niveau moteur : début du contrôle kinesthésique. Un premier contrôle distal des mouvements de l'épaule vers le coude est observé. L'enfant effectue des gestes croisés par rapport à l'axe de son corps.

2) Niveau perceptif : apparition des premiers contrôles visuels.

3) Niveau de représentation. L'enfant peut donner une signification à son dessin, marque d'un pouvoir et d'une conquête. L'enfant est latéralisable, mais encore non latéralisé.

*Épanouissement des gestes et des formes*

1) Niveau moteur :
- la pince digitale s'affirme ;
- l'opposition pouce/index est mieux maîtrisée ;
- moins de pression sur le plan graphique, d'où une meilleure continuité du mouvement et un contrôle de l'orientation.

2) Niveau perceptif :
- dans le graphisme non figuratif : exploration des espaces, organisation de l'espace ;
- dans le graphisme figuratif : apparition d'éléments dessinés de façon détaillée et proche du réel, approche implicite de la symétrie des formes ;
- les contrôles de l'œil de la main, de l'audition se précisent et se coordonnent. Il y a organisation de l'espace en bandes sans profondeur de champ.

3) Niveau de la représentation : on observe une différenciation entre graphisme figuratif, graphisme non figuratif, écriture. Le dessin devient une représentation de l'objet : le modèle interne se rapproche du modèle externe. Les dessins traduisent l'importance de l'affectivité : taille, position, placement des sujets, thèmes représentés. Le recours au langage permet une énumération, une explicitation, une narration temporo-spatiale. Il y a une esquisse d'écriture : par copie du modèle (le prénom), par la signature, par le désir d'expliquer la situation représentée.

## 186. Quelles sont les conditions favorables pour l'acquisition de l'écriture ?

**Le schéma corporel** : pour intégrer les différentes zones de l'écriture, pour comprendre comment l'écriture peut prendre sa place dans la page, l'enfant doit avoir une bonne conscience de son schéma corporel. La main qui écrit est reliée au bras, qui est relié à l'épaule, qui est reliée au torse, et dont dépend plus ou moins la statique de la colonne vertébrale… La totalité du corps est concernée par l'acte d'écrire.

**La situation dans l'espace :** ce corps, il faut aussi l'appréhender tout entier dans son rapport avec son environnement, lui apprendre à se mouvoir dans un espace structuré, exploré méthodiquement : connaissance du haut, du bas, de la droite, de la gauche, de l'horizontale et de la verticale, de la longueur, de la largeur et de la profondeur, des intervalles entre les objets. L'enfant apprend à avancer, reculer, faire demi-tour, ou un tour complet, tourner autour, mettre à côté, placer entre, sauter par-dessus, ramper par-dessous… Il doit verbaliser ce qu'il voit, ce qu'il ressent, ce qu'il remarque, et reproduire ces exercices sur le papier.

**La latéralisation :** l'enfant reste longtemps ambidextre avant de choisir sa dominance droite ou gauche. Le gros problème qui se pose au gaucher vient de ce que l'écriture occidentale se déroule de gauche à droite : la main gauche balaye les mots qu'il vient d'écrire et les lui cache, l'obligeant souvent à une position acrobatique, au-dessus de la ligne, peu adaptée à la souplesse du poignet exigée par l'écriture. De plus, le bras gauche ne peut effectuer son mouvement de translation, gêné par sa butée contre le torse, à mesure que l'écriture progresse vers la droite.

**La maturation du système nerveux :** l'écriture est une activité motrice fine, hautement complexe, longuement et difficilement construite, et par là fragile. Le développement psychomoteur de l'enfant est sans doute l'assise essentielle de l'écriture. Celui-ci va se développer en deux temps :

- développement global : régulations toniques et posturales et coordination des mouvements. L'écriture implique aussi une immobilisation et un soutien tonique général d'autant plus aisés et adaptés à leur but que la motricité générale est plus évoluée ;
- développement des activités digitales fines.

**Le niveau de langage :** il intervient aussi dans l'apprentissage de l'écriture. L'écriture est un langage écrit, son aisance porte la marque du niveau général d'évolution sur le plan du vocabulaire et des facilités d'expression. Tant que le langage est mal maîtrisé, sa traduction écrite est évidemment malaisée.

### 187. Comment évolue la prise de l'outil scripteur par l'enfant ?

Elle évolue par différents stades.

**Stade primitif :**

- prise palmaire radiale : crayon stabilisé radialement dans la paume (pouce vers le bas) et main fermée ; avant-bras en pronation et épaule en abduction, mouvement avec tout le membre supérieur ;
- prise palmaire en supination : crayon stabilisé dans la paume et main fermée ; poignet légèrement en flexion et avant-bras en position de supination (le pouce vers le haut) ; mouvement avec tout le membre supérieur ;
- prise digitale en pronation avec l'index seulement en extension : crayon stabilisé dans la paume et index en extension sur le crayon (vers la pointe) ; épaule en abduction et mouvement avec tout le membre supérieur ;
- prise du pinceau : crayon tenu avec les doigts, l'extrémité opposée à la pointe est dans la paume ; avant-bras en pronation et mouvement au niveau du poignet ; tout le membre supérieur bouge ;
- prise avec les doigts en extension : crayon tenu avec les doigts ; poignet en pronation et avec légère déviation ulnaire ; l'avant-bras bouge en bloc.

**Stade transitoire** :

- prise avec le pouce qui croise sur l'index : crayon stabilisé entre l'index et le pouce ; doigts fermés dans la paume et le pouce passe par-dessus le crayon et prend appui sur l'index ; commissure du pouce fermée ; mouvement du poignet et des doigts ; avant-bras en appui ;
- tripode statique : crayon stabilisé par opposition de la pulpe du pouce et de l'index, et contre le côté radial du troisième doigt ; commissure du pouce ouverte ; poignet légèrement en extension et la main bouge en bloc ; avant-bras en appui ;
- quadripode : crayon tenu avec quatre doigts en opposition ; mouvement du poignet et des doigts ; avant-bras en appui.

**Stade mature** :

- tripode latérale : crayon stabilisé entre la pulpe de l'index et le côté radial du troisième doigt contre le pouce en adduction ; le pouce passe par-dessus le crayon et prend appui sur ou sous le côté radial de l'index ; commissure du pouce partiellement ou complètement fermée ; flexion des quatrième et cinquième doigts ; mouvements isolés des trois premiers doigts et du poignet (en légère extension) ; avant-bras en appui sur la table ;
- tripode dynamique : crayon stabilisé contre le côté radial du troisième doigt par la pulpe de l'index et du pouce (en complète opposition) ; commissure du pouce ouverte complètement ; flexion des quatrième et cinquième doigts ; mouvements isolés des trois premiers doigts et du poignet (en légère extension) ; avant-bras en appui sur la table.

# 8 L'espace

## 1. Questions 188 à 189

**188.** Comment l'enfant acquiert-il la représentation de l'espace ?

**189.** Quelles sont les composantes de la notion d'espace ?

# 2. Réponses 188 à 189

### 188. Comment l'enfant acquiert-il la représentation de l'espace ?

La notion d'espace est très vaste. Acquérir cette notion d'espace, c'est aussi acquérir des points de vue différents : s'imaginer ce que voit de notre scène visuelle quelqu'un qui se trouve en face de nous, ce qui requiert de se représenter mentalement l'espace que tous deux nous percevons. Pour imaginer ce que l'autre voit, il faut inverser certains sens : un objet qui se trouve à notre gauche se trouve à la droite de la personne qui est en face… Or, la psychologie du développement nous informe que l'enfant, très jeune, s'il possède des notions d'espace, ne sait pas se le représenter, ni le transformer mentalement de la même façon que le fait un adulte. Ainsi, l'enfant de 3 ou 4 ans ne conçoit pas que l'observateur puisse avoir un point de vue différent du sien.

Selon Piaget, comprendre l'espace, c'est se le représenter. Dans sa théorie du développement de l'intelligence, il estime que la construction de l'espace mental coïncide avec le stade des opérations formelles. Deux structures mentales apparaissent à cet âge :

- la pensée logico-mathématique : elle se réfère aux classes, séries, nombres ; ce sont les quantités discontinues (ce que l'on peut compter). L'enfant apprend à se représenter des quantités par l'addition ou la soustraction d'objets identiques (par exemple, 2 pommes + 3 pommes = 5 pommes) ;
- la pensée infralogique : elle se réfère aux quantités continues (poids, volume, espace, temps). L'enfant apprend la notion de dimension, et de valeur continue sur celle-ci (par exemple, une longueur de 2 cm, une longueur de 3 cm et, entre les deux, des valeurs qui ne sont pas « exactes » : il peut y avoir des longueurs inférieures à 3 cm et quand même supérieures à 2 cm). La notion d'espace ne peut apparaître qu'après ce stade opératoire.

Lorsqu'il a acquis la capacité de se représenter des dimensions continues, l'enfant est capable de se représenter l'espace comme la construction selon plusieurs dimensions continues d'une scène visuelle. Cependant, avant la réalisation de ce stade, force est de constater que l'enfant intervient dans l'espace : lorsqu'il dessine, lorsqu'il prend un objet, lorsqu'il le cache… il possède donc quelques rudiments de cette notion.

Piaget estime que l'enfant ne possède, avant 1 an, aucune représentation de l'espace, et fait certains constats : l'enfant est incapable de coordonner les éléments de l'espace, les espaces perceptifs ne sont pas corrélés. Il n'y a pas de permanence de l'objet (erreur A non-B : si on cache un objet derrière un cache A, l'enfant le cherchera derrière ce cache. Si on déplace l'objet derrière le cache B, l'enfant le cherchera toujours derrière le cache A). Pour l'enfant, à ce moment, les objets n'existent que dans un contexte, ils n'ont pas de statut particulier (par exemple, le biberon n'existe qu'à l'heure de manger).

Après 1 an, l'enfant est capable de chercher un objet qui n'est pas à sa place habituelle. Il se déplace et commence à entrevoir la notion d'espace (il sait où est sa chambre, le séjour, où se trouvent certains objets régulièrement utilisés…).

Vers 2 ans, s'il y a un bonbon sur une table, l'enfant cherchera le meilleur endroit et tournera autour de la table pour réussir à l'attraper. Toujours selon Piaget, l'enfant construirait un espace pratique d'action, défini par une structure mentale appelée groupe de déplacement (de l'objet ou l'enfant lui-même). L'enfant agit dans l'espace (mais il n'en a pas encore de représentation ; il s'agirait davantage d'un prototype issu de l'observation, de l'expérience). Le groupe de déplacement présente 4 propriétés liées à des transformations :

- la composition : le déplacement *AB* suivi du déplacement *BC* est équivalent au déplacement *AC* ;
- le déplacement direct et inverse : le déplacement de *A* vers *B* peut s'effectuer aussi de *B* vers *A* (c'est le même chemin) ;
- la réversibilité : *AB* + *BA* = *AA* : on se retrouve au point de départ ;
- l'associativité : *ABD* = *ACD* : il y a plusieurs chemins possibles pour aller au même endroit.

À ce stade, on voit apparaître les notions de raccourcis et de détours. L'espace de déplacement permet à l'enfant de gérer son espace de façon rudimentaire, mais seulement d'un point de vue personnel (égocentré). L'espace de déplacement est le prototype d'un espace de représentation, centré sur l'enfant, à partir duquel, entre 2 et 11 ans, l'espace de représentation va pouvoir se développer.

### 189. Quelles sont les composantes de la notion d'espace ?

Pour pouvoir se représenter l'espace comme l'adulte, l'enfant doit maîtriser trois types de représentations.

**Les relations topologiques** : une personne établit des relations topologiques lorsqu'elle apprécie les positions relatives des éléments dans son environnement de façon élémentaire et qualitative, et en se référant à son seul point de vue. Cela signifie qu'elle est capable de positionner un objet de la scène visuelle par rapport à un autre (et donc de se représenter la position relative).

Il existe plusieurs types de relations topologiques :

- relations de localisation (devant, à droite…) ;
- relations de voisinage (loin, près de, à côté…) ;
- relations d'enveloppement (d'inclusion : au milieu, à l'intérieur, l'extérieur…) ;
- relations de continuité (à la limite, bord, joindre, toucher…) ;
- relations de succession (au début, en avant, au bout…) ;
- relations de séparation (séparé, écarté, en dehors…).

Il s'agit des premières relations que l'enfant va être capable d'établir, et dont il va pouvoir se souvenir (conserver en mémoire). Les relations topologiques se développent entre 0 et 7-8 ans (stades sensorimoteur et préopératoire).

**L'espace projectif** : une personne établit des relations projectives lorsqu'elle apprécie les positions relatives des éléments de l'environnement en adoptant un point de vue différent de celui qu'elle a réellement sur cet environnement.
Pour établir la distinction entre l'espace topologique et l'espace projectif, Piaget introduit le test des trois montagnes : Il montre à l'enfant une maquette représentant trois montagnes, dont l'une est grande, l'autre moyenne, la dernière petite. Si l'enfant ayant acquis la représentation d'un espace topologique est capable de comprendre si la grande montagne est à droite de la montagne plus petite, il n'est cependant pas encore capable, lorsqu'on lui montre une poupée se trouvant de l'autre côté de la maquette, de répondre correctement à des questions comme : « Pour la poupée, la grande montagne est-elle aussi à droite de la petite ? » Il ne sait répondre qu'en prenant en compte son propre point de vue, et donc, localise les objets et relations à partir de sa propre localisation.
*A contrario*, un enfant se représentant un espace projectif est capable de se mettre mentalement à la place d'autrui, et comprend notamment que certaines relations s'inversent (par exemple, devant pour lui est derrière pour quelqu'un qui est en face, droite et gauche s'inversent pour quelqu'un qui lui fait face, etc.). Cette étape est donc celle de la mise en relation des perspectives, la période des opérations mentales de transformation (rotation, inversion...). Elle se développe, selon Piaget, pendant le stade opératoire (7-8 à 11-12 ans).

**L'espace euclidien** est l'espace tel qu'on se le représente en mathématiques, qui correspond à savoir positionner et se positionner dans un espace de coordonnées, et sert par exemple à estimer (distance, direction, volume, surface, position par rapport à une certaine longitude et latitude) des caractéristiques de l'espace ou des objets contenus dans cet espace. Un enfant ou un adulte capable de se représenter cet espace a atteint le stade formel (formalisation des dimensions représentées par l'espace et les éléments de celui-ci). L'acquisition de cette représentation de l'espace dépend notamment du niveau d'éducation, et n'est donc pas systématique : de nombreux adultes restent au stade de l'espace projectif.

# 9 Motivation, désir et plaisir

## 1. Questions 190 à 199

190. Pourquoi les enfants aiment-ils tant les histoires ?
191. Les enfants sont-ils les acteurs de leur développement ?
192. Comment se développe le désir d'apprendre ?
193. Quels sont les différents facteurs de la motivation scolaire ?
194. À quoi sert le désir d'apprendre ?
195. Comment susciter le désir d'apprendre ?
196. Quelles sont les actions qui peuvent stimuler, entretenir ce désir d'apprendre ?
197. « *L'éducateur a la responsabilité de susciter le désir d'apprendre* », dit Philippe Meirieu, mais quels éléments permettent d'y parvenir ?
198. En quoi le respect des rythmes biologiques de l'enfant aide-t-il à son bon développement ?
199. Comment se développe la créativité chez l'enfant ?

## 2. Réponses 190 à 199

**190. Pourquoi les enfants aiment-ils tant les histoires ?**

Pour le psychologue Jerome Bruner, les récits de toutes sortes s'accordent spontanément à une structure narrative de l'esprit humain qui conçoit la réalité sous forme de séquences d'éléments successifs, de représentations d'action et d'intentions. Cette attirance spontanée pour la forme du récit n'est d'ailleurs pas particulière à l'enfant. Les adultes aussi sont attirés par les histoires.

À travers les histoires, dont les héros sont souvent des animaux ou des enfants *(Le Petit Poucet, Martine va à la ferme…)*, les petits éprouvent et expérimentent mentalement les situations de danger, les relations à autrui, les effets possibles de telle ou telle action. Écouter une histoire, c'est une façon d'explorer le monde par la pensée. L'imaginaire n'a donc pas forcément pour but de s'évader du monde réel. Il sert peut-être au contraire à s'initier au monde réel, de façon détournée, par procuration en quelque sorte. Telle est la thèse soutenue par Paul Harris : par le biais de l'imaginaire, jeux, rêves, histoires, l'enfant s'ouvre au monde.

L'imaginaire n'est pas qu'un jeu gratuit, une distraction ; il est une condition du développement.

**191. Les enfants sont-ils les acteurs de leur développement ?**

Les parents ont tendance à croire qu'ils apprennent tout à leur enfant : marcher, parler, penser ou conquérir son autonomie. Et si tout cela n'était qu'une illusion ?

**L'instinct du langage**

Dans les années 1990, le psychologue Steven Pinker avait heurté de front les idées courantes sur l'acquisition du langage en affirmant que ce ne sont pas les parents qui apprennent à leur enfant à parler ; celui-ci apprend tout seul en captant les mots de son environnement. Depuis, la plupart des psycholinguistes se sont ralliés à cette thèse : les parents ne font que transmettre une (ou plusieurs) langue(s), en parlant autour d'eux. Mais ce sont les enfants qui captent seuls, et à une vitesse foudroyante, la plupart des mots et la grammaire de leur langue d'origine.

**Un esprit avide de connaître**

Les psychologues considèrent aujourd'hui que les capacités intellectuelles fondamentales – catégoriser, mémoriser, rêver, penser, raisonner, apprendre – ne viennent pas des parents. Les histoires racontées par les parents vont sans doute influencer les rêves de l'enfant, mais ne lui apprennent pas à rêver. Les parents lui transmettent telle ou telle croyance, mais ne lui apprennent pas à croire (ou à douter). Les parents transmettent des connaissances à leur enfant, mais ils ne lui apprennent pas à apprendre. L'esprit de l'enfant est avide de connaître. Spontanément curieux, attentif, explorateur, il est considéré comme un chercheur en herbe.

Quand survient, vers l'âge de 4 ans, l'âge du « pourquoi » et que l'enfant assaille les adultes qui l'entourent de questions (« Dis pourquoi tu fermes à clé ? Pourquoi il fait miaou le chat ? Pourquoi il est noir ? », etc.), il manifeste l'attitude du chercheur en quête de réponses.

**Les émotions sociales fondamentales**

En matière d'émotions non plus, il n'est pas sûr que les parents apprennent grand-chose aux enfants. On n'apprend pas à un enfant à rire, à se mettre en colère, à ressentir la joie ou la tristesse, l'anxiété ou l'enthousiasme. Un type d'éducation peut utiliser, à plus ou moins bon escient, la carotte ou le bâton, la menace ou la convoitise, mais il n'enseigne pas la peur ou le désir. Les méthodes d'éducation se greffent sur des émotions fondamentales – amour, haine, peur, envie, fierté, culpabilité, honte, quête de reconnaissance… – qui font partie du stock émotionnel de base de tout humain. Preuve que l'on n'apprend pas à aimer : même s'il est privé d'amour, un enfant peut tout de même aimer ses parents.

### 192. Comment se développe le désir d'apprendre ?

« *Tous les hommes ont un désir naturel de savoir* » : Aristote le dit dès la première phrase de sa *Métaphysique*. Pour le philosophe, le désir d'apprendre est naturel et commence par le simple fait de tourner les yeux pour s'intéresser à ce qui se passe. J'entends un cri, je vois un attroupement, je veux savoir. Telle est pour Aristote la base de la curiosité naturelle.

Quelques siècles plus tard, saint Augustin fera aussi du désir de savoir (*libido sciendi*) l'une des pulsions fondamentales des humains aux côtés du désir sensuel (*libido sentiendi*) et du désir de dominer (*libido dominandi*).

Qui pense libido pense à Sigmund Freud. Le fondateur de la psychanalyse nommait « *épistémophilie* » ce désir de connaître. Pour lui, ce serait l'expression sublimée de la pulsion sexuelle. Tout individu dispose d'une énergie physique et psychique (la libido au sens freudien) où il puise des forces pour trouver dans son environnement les éléments nécessaires à ses besoins. Ces forces sont désignées par le mot « désir » en neurosciences et en psychanalyse, par le mot « motivation » en psychologie.

Écrivant sur l'évolution de la motivation des enfants lors de leur scolarisation, Jacques Tardif a décrit des notions de psychologie cognitive qui s'appliquent à tout apprentissage et à tout âge. Donnant à la motivation la définition d'engagement, de participation et de persistance dans la tâche d'apprentissage, il décrit des facteurs de motivation appartenant, les uns au système de conception scolaire, les autres au système de perception de la tâche.

## 193. Quels sont les différents facteurs de la motivation scolaire ?

Les facteurs de motivation scolaire sont les suivants, d'après Jacques Tardif.

**Facteurs appartenant au système des conceptions sur les buts de l'école et l'intelligence :**

- les conceptions sur les buts de l'école évoluent chez les enfants. Au départ, ils privilégient la poursuite d'objectifs personnels, s'engagent et participent activement. Ensuite, ils peuvent se heurter à une conception de l'école où les buts d'apprentissage s'estomperaient au profit de buts d'évaluation comparant et classant les élèves ; soumis à une pression de conformité, les élèves s'engageraient moins et viseraient à faire valider leurs compétences en recueillant le plus de jugements favorables, le moins de défavorables ;
- la conception de l'intelligence, sous l'influence de situations d'échecs, évolue de la notion de capacité évolutive à celle d'un état stable sur lequel on ne peut plus agir... justifiant en retour l'échec.

**Les facteurs du système de perception de sa tâche** par l'élève déterminent en partie son engagement, sa participation et sa persistance. Ce sont :

- la perception de la valeur de la tâche : « *L'élève accepte de s'engager et de participer, il est motivé, dans la mesure où il reconnaît que la tâche présentée a des retombées utiles et fonctionnelles dans sa vie actuelle ou future* » (J. Tardif, *Pour un enseignement stratégique. L'apport de la psychologie cognitive*, Montréal, Logiques, 1997) ;
- la perception des exigences de la tâche : elle comporte quatre volets : les étapes de réalisation, les stratégies requises, le prérequis (ou connaissances antérieures disponibles), les critères de réussite qui seront retenus. Si l'enseignement comporte des évaluations formatives, le niveau de motivation sera plus important que s'il y a une seule étape sommative ;
- la perception de la contrôlabilité de la tâche par l'élève : un élève est d'autant plus motivé qu'il a du pouvoir sur son apprentissage, traitant alors de façon significative les informations.

Les situations pédagogiques suscitent du désir si elles présentent de la nouveauté plutôt que de l'habitude, si elles donnent l'occasion de faire des choix, si elles conduisent à des questions plutôt qu'à des réponses ou si l'individu se sent largement responsable.

## 194. À quoi sert le désir d'apprendre ?

Dans le livre *Apprendre à apprendre*, André Giordan et Jérôme Saltet affirment que :

- plus on est impliqué, plus on se pose de questions. Plus on se pose de questions, plus on a le désir de comprendre ;
- la mémoire enregistre mieux quand on est motivé ;

- on ne s'ennuie pas quand on recherche une connaissance qu'on estime utile ou plaisante ;
- le regard posé sur l'enseignant ou la personne qui va amener le savoir recherché est résolument positif, la relation et les échanges pédagogiques en seront alors plus riches et constructifs ;
- le désir pousse à atteindre le but qu'on s'est fixé, à réaliser un projet ;
- le regard porté sur soi-même change : les apprentissages autodirigés sont source de fierté (en matière d'autonomie, de dépassement de soi, de confiance en ses capacités, de réussites) aussi bien que de plaisir ;
- dans le désir d'apprendre, il y a une volonté de s'approprier le monde, une volonté de participer à l'humanité, une volonté de vivre !

### 195. Comment susciter le désir d'apprendre ?

André Giordan et Jérôme Saltet ont décrit les paramètres qui facilitent le désir d'apprendre.
**Les paramètres personnels :**

- j'ai un besoin, un ressenti, une attente ;
- j'ai une bonne estime de moi ;
- j'ai confiance en moi ;
- j'ai confiance en mes capacités ;
- j'y trouve un plus, un sens, un plaisir ;
- je me sens interpellé, questionné ;
- je me sens autonome ;
- je sais appréhender mes peurs, mes angoisses ;
- j'ai un objectif, un projet.

**Les paramètres de l'environnement :**

- je sens mon enseignant motivé ;
- je me sens apprécié ;
- j'ai confiance en la situation et en mes enseignants ;
- j'ai confiance dans les compétences de mes enseignants ;
- je bénéficie d'un environnement favorable ;
- on m'offre un environnement pour apprendre qui me stimule ;
- je me sens soutenu ;
- je me sens respecté, écouté ;
- je me sens accompagné pour choisir.

Un individu qui éprouve du désir d'apprendre peut alors s'investir et donner de sa personne : ni l'échec, ni la peur, ni le caractère rébarbatif de la tâche ne le rebutent.
Boris Cyrulnik confirme : même les enfants en retard intellectuellement ou souffrant d'inhibition du fait d'un défaut de sécurité affective peuvent retrouver le goût de savoir dans un environnement bienveillant et stimulant.

**196. Quelles sont les actions qui peuvent stimuler, entretenir ce désir d'apprendre ?**

Malheureusement il n'y a pas une et simple solution... Ce sont des actions, individuelles ou collectives des enseignants. Ce peut être de la part de l'enseignant :

- s'intéresser aux attentes des élèves, montrant ainsi qu'on les « reconnaît » ;
- susciter de l'intérêt dans chaque activité d'enseignement ;
- recourir à des techniques d'enseignement qui mettent en jeu la participation active des élèves, font appel à des facteurs affectifs et émotionnels, à tout ce qui constitue la mémoire épisodique ;
- bien estimer les charges de travail, les difficultés des exercices et des problèmes ;
- laisser le plus d'initiative possible ;
- laisser du temps pour apprendre ;
- faire des évaluations au cours de l'enseignement ;
- privilégier l'évaluation individuelle des progrès à celle des classements ;
- ne jamais humilier, toujours porter un jugement de valeur sur le travail de l'élève, mais jamais sur l'élève lui-même pour ne pas altérer son estime de soi, sa confiance en soi ;
- présenter de la nouveauté plutôt que se reposer sur l'habitude ;
- donner l'occasion de faire des choix ;
- conduire à se poser des questions ;
- laisser une large part d'autonomie.

**197. « *L'éducateur a la responsabilité de susciter le désir d'apprendre* », dit Philippe Meirieu, mais quels éléments permettent d'y parvenir ?**

*« Je fais l'hypothèse, comme la plupart des psychologues et des spécialistes de l'apprentissage, que tout enfant a spontanément le désir de savoir... Il veut savoir "comment ça marche", comment fonctionnent les objets qu'il a sous la main et le monde qui l'entoure... Mais vouloir savoir ne signifie pas vouloir apprendre... Apprendre, c'est accepter de perdre de vue, au moins un moment, la satisfaction immédiate. Apprendre, c'est, souvent, gâcher du matériel ; c'est, toujours, surseoir à la volonté de réussir dans l'instant [...].*

*Face à cela, la réponse de la pédagogie, reprise par les didactiques, est de s'attacher à l'obstacle. C'est la fameuse "ruse pédagogique" développée par Jean-Jacques Rousseau dans l'*Émile *: on se soumet apparemment au désir de savoir de l'enfant et l'on introduit un obstacle à la réalisation de ce désir qui impose d'apprendre. On trouve cela dans les "méthodes actives" de l'Éducation nouvelle [...] dans les "situations-problèmes" [...] dans la distinction fondamentale entre la tâche [...] et l'objectif* » (Philippe Meirieu).

Le désir de savoir est très probablement un bon préalable à l'acte d'apprendre dans la plupart des cas, et ce désir ne peut pas émerger quand les besoins le plus élémentaires des enfants n'ont pas été pris en compte. Il serait prudent de distinguer l'idée du désir de savoir – qui sous-tend une certaine immédiateté – de celle qui peut découler du désir (ou volonté) d'apprendre – qui implique une certaine persévérance. La volonté de surmonter certains obstacles dans la poursuite d'un but déterminé entre alors en jeu et c'est bien là le rôle de l'enseignant « *[...] favoriser la participation et l'implication de tous les élèves...* » (*Bulletin officiel* n° 30 du 25 juillet 2013, Référentiel des compétences professionnelles des métiers du professorat et de l'éducation, arrêté du 1-7-2013 – *JO* du 18 juillet 2013).

### 198. En quoi le respect des rythmes biologiques de l'enfant aide-t-il à son bon développement ?

Les rythmes majeurs des enfants doivent être préservés. Il faut en premier lieu que leur rythme veille-sommeil s'inscrive régulièrement dans l'alternance du jour et de la nuit. On favorise ainsi, après les incertitudes, désordres et stress de la journée, l'ancrage de chacun dans la régularité rassurante des repères stables et récurrents par rapport à la famille et à la « niche de sommeil ». On optimise ses capacités de récupération biologique, psychologique et intellectuelle. C'est l'alliance entre corps, pensée et espaces.
Il est également nécessaire que le milieu familial et l'école soient conçus pour que chacun puisse construire l'alliance de la sécurité affective, du langage, des émotions, des coordinations motrices, de la sensorialité, des systèmes de communication, des processus cognitifs et des constructions intellectuelles de l'enfant, dans toutes les dimensions de l'espace.
La conquête d'espaces, de mobiliers et dispositifs dits « sécurisés » joue un rôle important dans la construction du schéma corporel, la maîtrise de l'équilibre du corps et le développement des coordinations motrices et sensorimotrices. Mais elle facilite aussi l'installation des enfants dans la sécurité affective et, par voie de conséquence, la libération du langage oral et des émotions. Il en résulte une augmentation de la fréquence des interactions affiliatives, une diminution de la fréquence des comportements autocentrés, de l'hyperactivité, des conflits et des agressions.

### 199. Comment se développe la créativité chez l'enfant ?

La créativité naît de la rencontre entre des capacités cognitives, certaines caractéristiques émotionnelles et des facteurs environnementaux. Son développement, fait de phases de croissance et de déclin, est inégal.
Une vision essentiellement mystique de l'acte créatif traverse les siècles et perdure certainement dans nos conceptions implicites quand nous sommes confrontés à des œuvres qui semblent nous dépasser. Pourtant, Aristote déjà envisageait que l'acte créatif prend sa source dans la sphère mentale plutôt que dans les interventions divines. Mais il a fallu attendre Francis Galton (1883) pour que l'étude scientifique de la créativité commence, suivie au début du XX^e^ siècle par les travaux d'auteurs tels que Théodule Ribot, Alfred Binet, Sigmund Freud, Charles Spearman ou Graham Wallas. Dans les années 1950, les travaux de Joy Paul Guilford puis d'Ellis Paul Torrance vont faire date. Ils proposent et mettent à l'épreuve, par la construction de tests toujours utilisés, l'idée selon laquelle la créativité s'appuie sur des opérations intellectuelles, et tout particulièrement

sur la pensée divergente ? Cette capacité à trouver un grand nombre d'idées à partir d'un *stimulus* unique.

Les vingt dernières années vont voir se développer une approche cognitive du domaine. Des recherches expérimentales, des études de cas et des simulations en intelligence artificielle vont permettre l'exploration des représentations mentales ainsi que des traitements de l'information lors de l'acte créatif. La plupart des chercheurs l'envisagent en effet comme la capacité à réaliser une production qui soit à la fois nouvelle et adaptée au contexte dans lequel elle se manifeste. Ce point de vue permet de réunir en un seul objet d'étude la créativité psychologique, qui s'observe dans les solutions innovantes que chacun peut produire dans sa vie quotidienne, et la créativité historique qui produit des ruptures épistémologiques et culturelles, comme l'ont fait les travaux de Charles Darwin ou les œuvres de Pablo Picasso sur l'évolution et la peinture. « *Une telle définition permet (également) de concevoir un espace commun dans lequel les productions de créateurs éminents et celles observées chez l'enfant prendraient place* » (T. Lubart, A.-Y. Jacquet et C. Pacteau, « Art des enfants, enfance de l'art ? », *La Recherche*, hors série, n° 4, novembre 2000, *La Naissance de l'art*). Ainsi, les conduites tout à la fois originales et adaptées ne sont pas uniquement du ressort de l'adulte.

L'hypothèse centrale est que la créativité n'est pas simplement une caractéristique cognitive, mais le produit de l'interaction entre des composantes cognitives (connaissances, intelligence, styles cognitifs), des composantes conatives (caractéristiques de personnalité, motivation) et des composantes relatives au contexte et à l'environnement. Cette interaction est supposée multiplicative, de telle sorte qu'un haut niveau de créativité ne peut être atteint que si la plupart de ces composantes sont à la fois présentes et de niveau élevé.

L'évolution de la créativité connaît bien sûr des variations individuelles. Il y a des enfants, à un âge donné, plus créatifs que d'autres. La capacité à inventer des métaphores, à symboliser le monde, l'ingéniosité, la mémoire visuelle, la maîtrise technique, la virtuosité, les émotions comptent parmi les facteurs à l'origine de ces différences.

# 10 Pour conclure

## 1. Question 200

**200.** Pédagogie et psychologie de l'enfant, quel est le lien ?

# 2. Réponse 200

**200. Pédagogie et psychologie de l'enfant, quel est le lien ?**

C'est Édouard Claparède (1873-1940), médecin et psychologue, qui va établir un lien entre l'éducation et le développement de l'enfant, entre la pédagogie et la psychologie. Il fonde en 1912 le premier « institut de sciences de l'éducation » à Genève. À l'image de l'Américain John Dewey qu'il admire, il ne conçoit pas l'enseignement de la psychologie pédagogique sans les institutions minimales qui en permettent l'application. Grand admirateur de Jean-Jacques Rousseau, il considère que l'éducation doit se fonder sur la connaissance de la psychologie de l'enfant : en comprenant comment l'enfant apprend et grandit, on peut en déduire des lois qui doivent guider l'éducateur (loi du besoin, loi de l'extension de la vie mentale, loi d'anticipation, loi d'autonomie fonctionnelle, etc.). Il propose ainsi une véritable « révolution copernicienne » en pédagogie : « *Les méthodes et les programmes doivent graviter autour de l'enfant.* »

Dans ces conditions, il faut s'acheminer vers une « école sur mesure » et renoncer à un enseignement indifférencié. Inscrit dans un courant très naturaliste, Claparède propose aussi de « *diagnostiquer les aptitudes des écoliers* » : sa prise en compte de l'enfant le conduit parfois à une vision « enfermante » de ce dernier.

Quel chemin immense reste-t-il encore à accomplir !

# Annexes

# 1 L'enfant de 3 à 12 ans

| | L'enfant de 3 à 6 ans | L'enfant de 6 à 12 ans |
|---|---|---|
| **Développement moteur** | • Imitation et création de mouvements ; automatisme dans les gestes et les mouvements.<br>• Intense besoin de mouvements.<br>• Persévérance croissante dans les activités.<br>• Progrès dans la coordination des mouvements.<br>• Orientation de toutes les activités vers le jeu (jeux exerçant les fonctions sensorimotrices, jeux d'imitation, de construction...).<br>• Expression graphique encore maladroite : dessins relativement peu structurés.<br>• Élaboration du schéma corporel.<br>• Renforcement de certains aspects de la latéralisation. | • Affinement de la motricité (activités de plus en plus localisées et sûres).<br>• Amélioration et contrôle des mouvements.<br>• Capacité de différer certains actes.<br>• Augmentation de la coordination des mouvements (en écriture, gymnastique, ACM...).<br>• Accroissement de la force, de la rapidité, de la précision, de l'endurance (jeux de compétition, de groupes...).<br>• Capacité d'utiliser un système de signes plus ou moins développé pour représenter la réalité ; du réalisme intellectuel vers le réalisme perceptif. |
| **Développement intellectuel** | • Capacité d'imaginer, de penser, sans le truchement de perceptions (représentation symbolique).<br>• Capacité de se représenter des perceptions, des actions et incapacité de les coordonner logiquement (pensée intuitive).<br>• Égocentrisme de la pensée.<br>• Syncrétisme de la pensée.<br>• Raisonnement déconcertant, contradictoire, sans logique (transduction).<br>• Difficulté à appréhender objectivement temps, espace, quantité, relation. | • Raisonnement fondé sur des opérations concrètes (pensée concrète opératoire, de 7 à 11 ans), puis raisonnement fondé sur des propositions (pensée opératoire formelle, dès 12 ans).<br>• Régression de l'égocentrisme.<br>• Persistance du syncrétisme de la pensée.<br>• Raisonnement fondé sur la combinaison mentale des éléments, souci du réel et de l'objectivité ; lente élaboration de l'induction.<br>• Structuration progressive des notions de temps, espace, vitesse, sériation, invariance. |

| | L'enfant de 3 à 6 ans | L'enfant de 6 à 12 ans |
|---|---|---|
| **Développement perceptif** | • Incapacité d'analyse et de synthèse (syncrétisme perceptif).<br>• Globalisme : l'enfant perçoit un ensemble flou plus que des éléments.<br>• Juxtaposition : l'enfant centre sa perception sur de nombreux détails sans liens entre eux.<br>• Pointillisme : l'enfant centre son attention sur un détail important pour lui. | • Régression du syncrétisme perceptif ; l'enfant regarde activement, analyse ses perceptions, les compare.<br>• Accroissement des possibilités d'observation ; l'intelligence vient au secours de la perception.<br>• Progressivement, possibilité de décrire les éléments perçus, puis d'établir des relations de cause à effet, de moyen à fin…<br>• Possibilité de centrer l'observation sur l'essentiel. |
| **Développement affectif** | • Passage d'une relation duelle (enfant-mère) à une relation triangulaire (mère-enfant-père).<br>• Vers 3 ans, crise d'indépendance, d'hostilité, d'agressivité.<br>• Oscillation continue entre deux pôles : tendresse, agressivité.<br>• Naissance des sentiments de jalousie, infériorité, supériorité, agressivité.<br>• Vers 5-6 ans, phase d'équilibre personnel et social ; besoin de tendresse, désir de faire plaisir, ouverture aux sentiments esthétiques.<br>• Naissance de la conscience morale entraînant parfois timidité et scrupules.<br>• Expression de l'affectivité par le dessin (bonhomme, famille) et le jeu (figurines représentant les membres de la famille).<br>• Passion pour les contes. | • Éveil du sentiment social : la famille cède peu à peu la place au groupe de camarades.<br>• Vers 7-8 ans, éveil à l'émulation et acceptation d'une certaine discipline ; ségrégation spontanée des filles et des garçons.<br>• Instauration d'un sentiment de solidarité, découverte de l'amitié.<br>• Vers 9-10 ans, âge d'équilibre ; l'enfant peut se trouver un idéal, manifester un culte pour une personne.<br>• Vers 11 ans, soumission tantôt à l'influence de la famille, tantôt à celle des camarades ; l'enfant aime exagérer, critiquer.<br>• Expression de l'affectivité par le choix d'un ou de plusieurs copains.<br>• Vers 12 ans, l'enfant se montre plus positif, enthousiaste, tolérant. |

| | L'enfant de 3 à 6 ans | L'enfant de 6 à 12 ans |
|---|---|---|
| **Développement social** | • Développement de la socialité (tendance à aller vers les autres).<br>• Développement de la coopération encore entravée par l'égocentrisme et l'instabilité du caractère.<br>• Jusque vers 4 ans, activité solitaire ou parallèle, monologue collectif ; dès 4 ans, apparition de séquences de collaboration et d'interactions.<br>• Premières tentatives de sociabilisation manifestées par l'agressivité manuelle ou verbale (brusqueries, bousculades, accès de vanité), par la surévaluation de soi, la taquinerie (désir d'attirer l'attention sur soi).<br>• Morale hétéronome (respect unilatéral de la règle imposée par l'adulte). | • Développement de la sociabilité (capacité psychologique de vivre avec les autres).<br>• Passage, vers 8 ans, de l'égocentrisme à l'aptitude à se mettre à la place de l'autre.<br>• Entre 10 et 12 ans, intensité de la vie sociale ; formation et stabilisation des groupes.<br>• Vers 7 ans, élaboration des relations sociales ; vers 8-9 ans, période d'intégration ; de 10 à 12 ans, réalisation de l'adaptation scolaire et de l'intégration à la classe.<br>• Morale autonome (respect mutuel des principes moraux). |

# 2 Les fondements des théories de l'apprentissage

PRINCIPES PÉDAGOGIQUES

| Théories | Principes |
|---|---|
| Attachement (Ainsworth et Bowlby) | Qualité des soins |
| Actualisation du potentiel humain (Dewey) | Vivre pleinement sa vie |
| Développement de l'enfant (Piaget) | Construction active de ses savoirs |
| Médiation cognitive (Vygostski) | Influence de l'interaction sociale et de la culture |
| Développement psychosocial (Erikson) | Besoins psychosociaux |
| Écologie du développement humain (Bronfenbrenner) | Influence de ses parents, de la communauté et de l'environnement |
| Intelligences multiples (Gardner) | Plusieurs façons d'apprendre et de comprendre le monde |

# 3 Les stades de développement (Piaget – Freud – Erikson)

| Piaget | Freud | Erikson |
|---|---|---|
| **Période sensorimotrice (0-2 ans)**<br><br>*Assimilation – Accommodation*<br>*Intelligence sensorimotrice*<br><br>1. 0 à 1 mois : **Harmonisation des réflexes innés.**<br>2. 1 à 4 mois : **Réactions circulaires primaires.**<br>• Répétition des schèmes fondamentaux.<br>• Intégration intersensorielle, mais pas de causalité.<br>3. 4 à 8 mois : **Réactions circulaires secondaires.**<br>• Conscience et provocation d'événements extérieurs à lui.<br>• Début de la permanence de l'objet.<br>4. 8 à 12 mois : **Coordination des schèmes secondaires.**<br>• Début du lien de causalité, comportements intentionnels, planification des gestes pour obtenir ce qu'il veut.<br>• Apprentissage par imitation.<br>• Transfert intermodal.<br>• Permanence de l'objet sans déplacement.<br>5. 12 à 18 mois : **Réactions circulaires tertiaires.**<br>• Expérimentation sur objet pour évaluer les effets.<br>• Permanence de l'objet, recherche au dernier endroit vu.<br>6. 18 à 24 mois : **Représentations symboliques.**<br>• Utilisation de symboles.<br>• Distinction symboles-objets.<br>• Permanence de l'objet totale. | **Stade oral (0-1 an)**<br><br>Zones érogènes : **bouche, lèvres, langue…**<br>Plus grande satisfaction dans la zone orale (bouche, langue, lèvres, nourriture, sein).<br>Relation fusionnelle, non distinct de la mère.<br>→ *Sevrage* : séparation – attachement<br>→ *Individuation*<br><br>**Stade anal (1-3 ans)**<br><br>Zone érogène : anus.<br>Apprentissage de la *propreté*, pouvoir de retenir – laisser-aller. | **Confiance ou méfiance (0-1 an)**<br><br>*Confiance envers la mère*, sentiment de bien-être intérieur, intériorisation de l'image de la mère, confiance dans les fournisseurs extérieurs de besoins et en notre propre corps due à la qualité de la relation avec la mère, son attention pour les besoins, sa loyauté.<br>*Méfiance nécessaire* à sa protection.<br><br>Force adaptative : espoir.<br><br>**Autonomie ou honte et doute (1-3 ans)**<br><br>Mobilité de l'enfant, *début de l'expérimentation*, désir d'autonomie.<br>L'enfant doit se protéger contre la honte ; sentiment développé par l'acquisition d'une autonomie qui le place au-devant de la scène ; et le doute, conscience par l'enfant d'un « derrière lui » par où arrive la domination.<br><br>Force adaptative : volonté. |

| Piaget | Freud | Erikson |
|---|---|---|
| **Période préopératoire (2-7 ans)**<br><br>*Permanence de l'objet acquise, utilisation de symboles – fonction symbolique*<br><br>**A. Stade de la pensée symbolique**<br>• **Préconcepts :** entre la généralité du concept et l'élément individuel qui le compose (un chien >< le chien).<br>• **Égocentrisme intellectuel :** l'enfant est persuadé que tout le monde voit le monde comme lui et pense comme lui (ex : enfant caché sous l'oreiller).<br>• **Raisonnement transductif :** entre l'induction et la déduction ; il passe d'un cas particulier à un autre cas particulier (ex : « pas de sieste, pas d'après-midi »).<br>• **Pensée animiste :** attribution de caractéristiques humaines et états mentaux à des objets et événements. | **Stade phallique (3-6 ans)**<br><br>Zone érogène : **organes génitaux**.<br>→ *Œdipe* : désir pour la mère, conflit avec le père (autorité avec pouvoir castrateur). Peur de l'enfant d'être castré/ frustration pour la fille.<br>→ Intégration de l'image paternelle/maternelle ; *identification au parent du même sexe.*<br>→ Refoulement des pulsions sexuelles. | **Initiative ou culpabilité (3-6 ans)**<br><br>Stade génital ; initiative de « prendre » plaisir dans l'attaque et la conquête pour éloigner les rivaux possibles et assurer une position privilégiée auprès de la mère.<br>Nouvelles habiletés cognitives ; *planification des actes, poursuite d'objectifs.*<br>Danger de sentiment de culpabilité à propos des buts recherchés et des actes entrepris.<br><br>Force adaptative : but. |

| Piaget | Freud | Erikson |
|---|---|---|
| **B. Stade de la pensée intuitive**<br>• **L'intuition :** appréhension de la réalité sur un mode perceptif, sans raisonnement logique sous-jacent (ex : des boules dans le cylindre ; connaissance du résultat, mais pas de la loi qui l'explique).<br>• **La centration :** l'enfant se centre sur un aspect de la réalité au détriment des autres (ex : notion de conservation ; centration sur un détail de l'apparence au détriment des autres indices).<br>• **Les précatégories :**<br>a) *2 à 4 ans :* classement selon configuration spatiale, par raisonnement syncrétique (ex : amalgame de différents types de raisonnement).<br>→ *collections figurales*<br>b) *5 ans :* classement selon ressemblances et différences (ex : bouquet de fleurs différentes).<br>→ *collection non-figurales* | **Période de latence (6-12 ans)**<br><br>Mise au repos des pulsions sexuelles, acquisitions d'habiletés sociales et scolaires.<br>→ Relation avec les pairs de même sexe ; *affirmation de l'identité sexuée et évitement de l'autre sexe.*<br>→ Développement des mécanismes de défense. | **Travail ou infériorité (6-12 ans)**<br><br>Développement de la disposition au travail pour atteindre des *objectifs déterminés*, acquisition de prestige en produisant des choses, *plaisir de l'achèvement du travail.*<br>Danger de sentiment d'inadéquation et d'infériorité ; abandon d'espoir d'égalité avec les autres.<br><br>Force adaptative : compétence. |

| Piaget | Freud | Erikson |
|---|---|---|
| **Période des opérations concrètes (7-12 ans)**<br><br>*Développement de règles et stratégies d'exploration et d'interaction avec le monde*<br><br>• **Réversibilité :** permet d'effectuer une opération et de revenir à son point de départ.<br>(Une transformation peut être annulée par une transformation inverse – ex : si A > B ; B < A).<br>• **Conservation :** libération du phénomène perceptif de centration et prise de conscience des transformations.<br>- *6 ans : nombre/liquide*<br>- *7/8 ans : longueur/substance/surface*<br>- *9/10 ans : poids*<br>- *11/12 ans : volume*<br><br>• **Classification :** regroupement par catégories multiples (9-10 ans), intégration du principe d'inclusion des classes, le même objet peut appartenir à plusieurs classes liées logiquement.<br>• **Sériation :** ordonner des éléments en séquence (croissant/décroissant) par comparaison 2 à 2.<br>• **Opération sur les nombres :** application constante des règles de soustraction et d'addition.<br>• **Logique inductive :** du particulier au général, induction d'un principe général selon une expérience personnelle. | | |

| Piaget | Freud | Erikson |
| --- | --- | --- |
| **Période des opérations formelles (12 ans +)**<br><br>• **Du concret à l'abstrait :** passage d'un mode de pensée sur le réel/concret/perceptible à une pensée sur des données abstraites/hypothèses.<br>→ Capacité d'étendre son raisonnement opératoire à des objets non manipulables ou connus.<br>• **Du réel au possible :** envisagement des possibilités d'une situation pour combiner les relations possibles.<br>→ Libération du réel, pensée indépendante du contenu.<br>• **Prévision des conséquences à long terme :** pensée à l'avenir systématique, possibilités du sien, prévision des conséquences.<br>• **Logique déductive :** passage d'une hypothèse à une déduction qui en découle.<br>• **Résolution systématique des problèmes :** résolution des problèmes par pensée déductive basée sur des hypothèses afin d'en vérifier la pertinence de manière contrôlée et systématique. | **Stade génital (12 ans +)**<br><br>Adolescence et début de l'âge adulte.<br>Les pulsions se réveillent sous l'effet des changements physiologiques, dirigées vers le sexe opposé.<br>→ *Acquisition de la sexualité adulte.* | **Identité ou diffusion de rôle (12-18 ans)**<br><br>Remise en question des identités de l'enfant qui va se préoccuper de *l'adéquation entre ce qu'il pense être et ce que voient les autres.*<br>→ Recherche d'un sentiment de continuité et d'identité en se choisissant des ennemis, des modèles, des idéaux.<br>Danger de diffusion de rôle, identification excessive avec modèles, perte d'identité.<br><br>Force adaptative : fidélité. |

# 4 Le développement psychomoteur de la naissance à 3 ans

Légende :

- D = sur le dos
- V = sur le ventre
- MI = membre inférieurs

| Âge | Motricité | Préhension | Langage | Compréhension |
|---|---|---|---|---|
| **Naissance à 1 mois** | Hypertonie des membres<br>Hypotonie axiale<br>Assis : cyphose dorsale<br>V : position fœtale | Grasping | Attentif aux sons | |
| **2 mois** | Tenu tête quelques instants et vacille<br>D : attitude asymétrique<br>V : appui avant-bras, soulève tête à 45° | Grasping plus discret<br>Mains souvent ouvertes | Vocalises | Sourire social |
| **3 mois** | Intérêt pour son corps : âge du « regard de la main »<br>D : mouvement de flexion et d'extension des MI<br>V : appui avant-bras, soulève tête de 45 à 90° | Préhension au contact | Cris de plaisir<br>Gazouillis | |
| **4 mois** | Assis : tient sa tête<br>D : roule dos-côté<br>V : appui coude, tête 90°, extension MI | Mains au centre<br>Essaie d'atteindre les objets avec les mains. Joue avec hochet mais le perd souvent | Rit aux éclats<br>Gazouille beaucoup | Enlève serviette posée sur son visage |

| Âge | Motricité | Préhension | Langage | Compréhension |
|---|---|---|---|---|
| **5 mois** | D : pédalage<br>V : appui avant-bras en hyperextension.<br>Fait l'avion, essaie de se retourner ventre-dos | Préhension volontaire cubito-palmaire<br>Objets à la bouche | Ton moqueur : « agueu » | Sourit à son image dans le miroir |
| **6 mois** | Assis en trépied<br>D : saisit ses pieds, se retourne dos-ventre<br>V : appui mains<br>Debout : stade du sauteur | Préhension volontaire globale bien acquise<br>Tient deux cubes | Lallations | Permanence de l'objet<br>Tend les bras |
| **7 mois** | Assis : stade du parachutiste<br>D : pieds à la bouche<br>V : poids du corps sur une main pour saisir objet | Relâchement volontaire global<br>Début de préhension en pince inférieure | Syllabes : ba, da, ka | Imite actes simples<br>Répond à son prénom |
| **8 mois** | Tient assis seul<br>D : peut s'asseoir seul en prenant appui sur un côté<br>V : fait l'ours<br>1er mode de locomotion : les retournements | Perfectionne pince inférieure<br>Déliement de l'index | Imite des sons<br>Combine des syllabes : dada-baba | Comprend le « non »<br>Cherche jouets jetés |
| **9 mois** | Assis, pivote sur ses fesses<br>V : rampe<br>Se met debout en se tenant aux meubles | Préhension en pince supérieure | Syllabes redoublées : « Papa-maman » non différencié | Notion d'outil<br>Apprend à tendre un jouet<br>Compare deux cubes |
| **10 mois** | Quatre pattes<br>Se met debout, « chevalier servant » | Pince supérieure plus fine | « Papa-maman » bien différencié | Fait « au revoir », « bravo »<br>Notion de contenant et de contenu |

| Âge | Motricité | Préhension | Langage | Compréhension |
|---|---|---|---|---|
| **11-12 mois** | Marche de l'ours<br>Début des 1ers pas<br>Marche le long des meubles | Pointe son index | Langage global significatif<br>Mots phrases<br>2 mots significatifs | Emboîte les objets<br>Encastrement : met rond<br>Envoie balle<br>Comprend phrases simples |
| **15 mois** | Marche seul<br>Monte escalier à 4 pattes<br>Se met debout sans appui | Relâchement manuel fin et précis<br>Tient sa cuillère, gribouille | Perfectionne son langage global significatif<br>4-6 mots significatifs | Demande objets en pointant du doigt<br>Tour de 2 cubes |
| **18 mois** | Monte-descend escaliers en se tenant à la rampe<br>Début course, saut 2 pieds<br>Marche à reculons | Lance balle<br>Mange seul<br>Aime faire des gribouillis | Jargon mature<br>7-10 mots | Intérêt pour livres d'images, désigne 1-2 images<br>Comprend 1-2 ordres<br>Montre 2-3 parties du corps |
| **2 ans** | Monte-descend escaliers sans alterner les pieds<br>Court vite<br>Tape dans ballon | Souplesse du poignet<br>Dévisse couvercle<br>2-6 ans : copie rond | Explosion du vocabulaire<br>Phrases explicites<br>Utilise « je-moi-tu » | Propreté de jour (18-24 mois)<br>Aide pour se déshabiller<br>Compte jusqu'à 3-4<br>Nomme 4-5 images |
| **3 ans** | Monte-descend escaliers en alterné<br>Saute sur un pied<br>Fait du tricycle | Bonhomme têtard<br>Copie une croix<br>Tour de cubes<br>S'habille seul | Avalanche de questions : pourquoi ?<br>Utilise correctement le temps des verbes | Connaît comptines<br>Compte jusqu'à 10<br>Nomme 8 images et 8 parties du corps |

# 5 La compréhension de la naissance à 5 ans

| | |
|---|---|
| 0 à 12 mois | • Regarde la personne qui lui parle, réagit aux expressions et aux tons de voix<br>• Réagit à l'appel de son prénom<br>• Comprend quelques mots familiers<br>• S'aide du contexte et des gestes pour comprendre le langage |
| 12 à 18 mois | • Comprend des consignes simples avec et sans gestes<br>• Comprend des questions simples : « Où ? », « Qui ? » |
| 18 à 24 mois | • Comprend environ 200 mots<br>• Pointe environ 4 parties de son corps quand on lui demande<br>• Comprend des mots d'action tels que « Donne ! » et « Montre ! »<br>• Comprend : dedans, encore, à moi/à toi/non/pas |
| 2 à 3 ans | • Comprend plus de 200 mots<br>• Comprend des phrases courtes et simples même lorsqu'elles sont hors contexte<br>• Comprend des consignes à 2 éléments : « Donne-moi la pomme et la banane. » |
| 3 à 4 ans | • Comprend des consignes à 3 éléments<br>• Comprend les questions « Pourquoi ? » et « Combien ? »<br>• Peut classer des objets selon les catégories (vêtements, fruits, jouets)<br>• Peut répondre à de petites devinettes |
| 4 à 5 ans | • Comprend plus de 1 500 mots<br>• Comprend les questions « Quand » et « Comment ? »<br>• Suit des consignes à plusieurs étapes<br>• Comprend de nombreuses notions spatiales et temporelles<br>• Fait des déductions simples |

# 6 Le développement de l'enfant

*D'après A. Florin,* Introduction à la psychologie du développement. Enfance et adolescence, *Paris, Dunod, coll. « Les Topos », 2003.*

| Âge | Langagier | Cognitif | Social et affectif | Sensoriel et moteur |
|---|---|---|---|---|
| 0-3 mois | Produit des cris différents selon les stimulations, gazouillis, jeux vocaux, rires, vocalises. Discrimine les contrastes entre groupes de sons. Préfère la voix de sa mère à celle d'une autre femme, sa langue maternelle à une autre langue. Sensible à la prosodie. Reconnaît une syllabe dans des énoncés différents. | Discrimine des stimuli visuels ou auditifs. Anticipe du regard la trajectoire d'un objet. Manifeste une préférence pour la nouveauté. | Tourne les yeux en direction de la partie du corps touchée. Sourire social, mimique de surprise. | Réaction à la voix, localisation visuelle. Maintien de la tête. |
| 4-6 mois | Préférence pour le langage maternel adressé au bébé. Catégorise les voyelles. Premiers échanges communicationnels. | Reproduit des événements fortuits intéressants. Catégorise des éléments différents selon une propriété commune. | Tourne la tête vers une source sonore, prolonge l'interaction en souriant. | Prise et transfert d'objets. S'assoit seul. |

| Âge | Langagier | Cognitif | Social et affectif | Sensoriel et moteur |
|---|---|---|---|---|
| 7-9 mois | Produit plusieurs syllabes, chantonne. Comprend des mots en contexte, détecte les frontières des groupes de mots (syntagmes). | Ajuste ses comportements aux caractéristiques d'un objet (forme, volume, poids, etc.). | Réciprocité dans les échanges. Manifeste un attachement sélectif. | Se tient debout avec un support. Montre un objet du doigt. |
| 10-12 mois | Production des premiers mots, essaye de nommer les objets désignés par l'adulte. Comprend des mots hors contexte. Détecte les frontières de mots. | Anticipe les événements. Construit une tour, peut suivre la ligne du regard. | Réagit différemment aux proches et aux inconnus. S'ajuste à des demandes. | Premiers pas. Coordonne plusieurs actions. |
| 1-2 ans | Discours télégraphique. Comprend les mots familiers. Développement du premier lexique, de 20 mots à 200 mots. | Expérimentation active. Identifie des parties du corps. | Comprend les expressions faciales d'autrui, répète les actions qui font rire. | Marche seul. Descend des escaliers à reculons. A une préférence pour une main. |
| 2-3 ans | Modifie les demandes selon l'interlocuteur. Produit 200 à 300 mots. Comprend les demandes directes et les demandes indirectes. | Identifie les objets par l'usage, prend en compte le point de vue d'autrui (oriente un objet pour que l'adulte le voie). | Attachements multiples. Se reconnaît dans un miroir. Jeux symboliques. | Monte et descend les escaliers, saute à pieds joints. Tourne les pages d'un livre, coupe avec des ciseaux. |

| Âge | Langagier | Cognitif | Social et affectif | Sensoriel et moteur |
|---|---|---|---|---|
| 3-4 ans | Extension du vocabulaire et phrases courtes. Peut suivre une conversation, comprend des promesses, s'amuse des jeux de langage. | Acquisition de concepts d'espace, de temps, de quantité. Utilise les principes du comptage. | Identifie plusieurs parties du corps. Attend son tour. Aime aider les autres. Critique autrui. | Court avec aisance, tape du pied dans un ballon. Fait du tricycle. |
| 4-5 ans | Monte à une échelle, marche en arrière. Tient un papier d'une main tout en écrivant de l'autre. | Comprend l'état mental d'autrui. Joue à des jeux de compétition. Stabilité du genre (se reconnaît comme garçon ou fille). | Est attentif à sa performance, capable de classification et de sériation. | Produit des demandes indirectes et des justifications. Comprend le comparatif, l'identité et la différence. |
| 5-6 ans | Fait du vélo sans roulettes, lace ses chaussures. | Sait se contrôler. Choisit ses amis. Négocie avec l'adulte. | Début de la conservation (comprend que la grandeur d'une collection d'éléments reste la même quelle que soit la manière dont elle est présentée). Dessine un bonhomme, écrit son prénom. | Produit des énoncés de 5-6 mots, répond au téléphone. Début de lecture logographique. Identifie des rimes, comprend environ 2 500 mots. |
| 7-11 ans | Début de la puberté, poussée de croissance. Développement des activités physiques et sportives. | Identité de genre (conformité à des références culturelles) et ségrégation sexuelle. Différencie réel et virtuel. | Opérations concrètes. Logique du nombre. Morale préconventionnelle : les conséquences des actions (exemple : punition) en déterminent la valeur morale. | Utilise la forme passive, produit des inférences, apprend à lire. Comprend les sarcasmes et les métaphores. |

| Âge | Langagier | Cognitif | Social et affectif | Sensoriel et moteur |
|---|---|---|---|---|
| Et après… | Fin de la puberté : 14-15 ans pour les filles ; 16-17 ans pour les garçons. | Évolution de l'estime de soi. Relations amoureuses, puis de couple. Responsabilité pénale (13 ans). Évolution des relations parents/enfants et des rôles sociaux. Orientation scolaire et choix professionnels. | Pensée hypothético-déductive, morale conventionnelle, capacité à se référer à des principes généraux plutôt qu'à des opinions particulières, relativisme des jugements. | Poursuite du développement lexical et sémantique (vocabulaire technique) en compréhension et en production, développement de la production écrite, de la lecture ; compréhension, capacités argumentatives. |

# 7 Bref historique des théories

Entre 1850 et 1900, on voit fleurir les travaux empiriques sur la psychologie de l'enfant.

En Allemagne, Adolf Kussmaul (1822-1902) publie *Investigations of the Mental Life of Newborn Human Child* en 1859, et en 1882, William T. Preyer (1841-1897), *The Mind of the Child*.

En 1877, Charles Darwin (1809-1882) publie *Esquisse biographique d'un petit enfant* à partir de l'observation de son propre fils.

Aux États-Unis, G. Stanley Hall (1844-1914) crée en 1891 le *Journal of Genetic Psychology* et fonde en 1893 la National Association for the Study of Children.

En 1904, Alfred Binet (1857-1911) crée avec Théodore Simon « l'échelle métrique d'intelligence ». Il décrit systématiquement les capacités mentales des enfants selon leur âge. Pour cette raison, il est considéré comme le fondateur de la psychologie différentielle et contribue à l'essor d'une psychologie scientifique.

Sigmund Freud (1856-1939) publie en 1905 *Trois essais sur la théorie de la sexualité*, traduits en français en 1923 (Gallimard). Il y développe une théorie du développement qui explique l'origine des névroses. Il décrit le complexe d'Œdipe, qui met en jeu la relation père-mère-enfant et serait universel, et la succession des stades : oral, anal, phallique, de latence puis génital.

Henri Wallon (1879-1962) publie entre autres *L'Enfant turbulent. Étude sur les retards et les anomalies du développement mental*, en 1925 (Alcan), et en 1941, *L'Évolution psychologique de l'enfant* (Armand Colin). Sa théorie du développement s'inspire de l'évolutionnisme darwinien, mais avec une vision marxiste de l'adaptation : l'adaptation au milieu social passe par la solidarité et non la compétition. Chez le bébé, l'émotion est centrale, en tant que premier moyen de communication.

Lev S. Vygotski (1896-1934) dicte sur son lit de mort le dernier chapitre de son œuvre principale, *Pensée et langage*, publiée en 1934 et traduite en français en 1985 (Éditions sociales). Il s'est donné comme objectif de refonder la psychologie de l'enfant sur des bases marxistes et propose donc lui aussi une théorie du développement dans laquelle le milieu social est central.

Jean Piaget (1896-1980), dans son « épistémologie génétique », veut décrire la construction de l'intelligence, tant au niveau de l'individu que des sciences ou des sociétés. Mais c'est en analysant les interactions entre l'enfant et son environnement, selon une approche dite « constructiviste », qu'il se fait mondialement connaître. Il publie en 1923 *Le Langage et la pensée chez l'enfant* (Delachaux et Niestlé), et en 1950 *Introduction à l'épistémologie génétique* (PUF).

Avec l'essor de la recherche sur l'intelligence, et l'apparition de nouvelles méthodes, on découvre dans les années 1980 des compétences précoces chez les bébés : ils se révèlent capables de catégorisation, de calcul, de compréhension du langage, etc., comme le décrit Roger Lécuyer en 1989 dans *Bébés astronomes, bébés psychologues* (Mardaga). Ces découvertes remettent en question la conception d'une intelligence construite par l'action. Des conceptions nativistes du développement émergent, en opposition au constructivisme de Piaget. Thomas G. Bower fait l'hypothèse dès 1974 que l'être humain dispose à la naissance des compétences de base pour comprendre le monde, ce qui expliquerait simplement les capacités précoces des bébés.

En 1990, Jacques Mehler et Emmanuel Dupoux diffusent ces idées en français dans *Naître humain* (Odile Jacob).

Face aux remises en question de la théorie de Piaget, un courant néopiagétien se développe dans les années 1970 et 1980, avec Juan Pascual-Leone et Robbie Case, qui tente d'intégrer les découvertes des sciences cognitives à la théorie de Piaget. Il envisage le fonctionnement de la pensée sous l'angle de stratégies et procédures, plutôt qu'en termes de logique. Olivier Houdé et Claire Meljac en décrivent les apports dans *L'Esprit piagétien* (PUF, 2000).

# Bibliographie


BLEANDONU G., *À quoi rêvent nos enfants ?*, Paris, Odile Jacob, 2002

BOUJON C., QUAIREAU C., *Attention et réussite scolaire*, Paris, Dunod, 1997

BRUNER J., *Le Développement de l'enfant, Savoir faire, savoir dire*, Paris, PUF, 1983
— *Car la culture donne forme à l'esprit. De la révolution cognitive à la psychologie culturelle*, Paris, Eshel, 1997

CARRIC J.C., *Idées neuves et approches actuelles. Le développement psychomoteur de l'enfant normal*, Paris, Vernazobres-Grego, 1999

DEHAENE S., *Les Neurones de la lecture*, Paris, Odile Jacob, 2007

DELDIME R., VERMEULEN S., *Le Développement psychologique de l'enfant*, Paris, Belin, 1988

DELEAU M., *Psychologie du développement*, Rosny, Bréal, 1999

ÉCALLE J., MAGNAN A., *L'Apprentissage de la lecture. Fonctionnement et développement cognitifs*, Paris, Armand Colin, 2002

EIMAS P.D. *et al.*, « Speech perception in infants », *Science*, n° 171, 1971

FERREIRO E., « Psycholinguistique et conceptualisation de l'écrit », *in* J.M. Besse *et al.*, *L'« illettrisme » en questions*, Lyon, Presses universitaires de Lyon, 2014

GAONAC D., GOLDER H., *Lire et comprendre. Psychologie de la lecture*, Paris, Hachette, 1998

GASSIER J., *Manuel du développement psychomoteur de l'enfant*, Paris, Masson, 1981

JAKOBSON R., *Six leçons sur le son et le sens*, Paris, Minuit, 1976

KAIL M., « Les universaux et les particularités du langage », *Le Courrier du CNRS*, n° 60, 1985, p. 21-25

LEMAIRE P., *Psychologie cognitive*, Bruxelles, De Boeck, 1999

LIEURY A., *Manuel de psychologie de l'éducation et de la formation*, Paris, Dunod, 1996

MEHLER J. *et al.*, « A precursor of language acquisition in young infants », *Cognition*, n° 29, 1988, p. 143-178

MEIRIEU P., *Apprendre oui, mais comment ?*, Paris, ESF, 1991

MONTAGNER H., *L'Attachement. Les débuts de la tendresse*, Paris, Odile Jacob, 1988
— *L'Enfant. La vraie question de l'école*, Paris, Odile Jacob, 2002

MOORE C., « Social cognition in infancy », *in* R.E. Tremblay *et al.* (dir.), *Encyclopedia on Early Childhood Development*, Quebec, Montreal, Centre of Excellence for Early Childhood Development, 2010, p. 1-4

OLERON P., « L'Acquisition du langage », *in* H. Gratiot-Alphandéry et R. Zazzo, *Traité de psychologie de l'enfant*, Paris, PUF, 1976
— *L'Enfant et l'acquisition du langage*, Paris, PUF, 1979

PIAGET J., *Le Jugement et le raisonnement chez l'enfant*, Neuchâtel, Delachaux et Niestlé, 1924

RIEBEN L., FAYOL M., PERFETTI C., *Des orthographes et leur acquisition*, Paris, Delachaux et Niestlé, 1997

RIVIERE J., *Le Développement psychomoteur du jeune enfant*, Marseille, Solal, 2000

SINCLAIR H., BRONCKART J.-P., « A linguistical universal? A study in developmental psycholinguistics », *Journal of Experimental Psychology*, n° 14, 1972, p. 219-227

VAIVRE-DOURET L., *Précis théorique et pratique du développement moteur du jeune enfant*, Paris, Elsevier, 1997

VYGOTSKI L. S., *Pensée et langage*, Paris, La Dispute, 1997

WINNICOTT D.-W., *L'Enfant et le monde extérieur*, Paris, Payot, coll. « Petite bibliothèque », 1972
— *L'Enfant et sa famille*, Paris, Payot, coll. « Petite bibliothèque », 1981
— *De la pédiatrie à la psychanalyse*, Paris, Payot, coll. « Petite bibliothèque », 1983
— *Processus de maturation chez l'enfant*, Paris, Payot, coll. « Petite bibliothèque », 1989
— *Jeu et Réalité*, Paris, Gallimard, 1999

# Notes